Ed Hindson

Probleme sind Gelegenheiten

cmf

Ed Hindson

Probleme sind Gelegenheiten

cmf

Verlag C. M. Fliß
Lütt Kollau 17, 22453 Hamburg

1. Auflage 2000
Originaltitel: Overcoming Life's toughest problems
Übersetzung: Dr. Friedemann Lux
Umschlag: image-design
Satz: Convertex
Druck: Printed in Germany

ISBN 3-931188-38-8

Soweit nicht anders vermerkt, wurden die Bibelzitate der Luther-Übersetzung von 1984 entnommen.

Inhalt

Dr. Jay Adams
und
Dr. Howard Eyrich
für ihre Freundschaft, Rat und
Vertrauen auf Gottes Gnade
in Dankbarkeit gewidmet.

Einladung zur Hoffnung

Straßen sind zum Reisen da, aber manchmal können sie recht rauh sein. Das Leben ist solch eine Straße. Es kann zu Spaß und Abenteuer führen, aber auch zu Versagen und Verzweiflung. Das Leben ist nie nur Freude ohne jede Traurigkeit, nie Erfolg ohne jedes Versagen, nie nur Gewinn und kein Schmerz. Egal, wer die Straße des Lebens geht, er wird Hindernisse überwinden und Fallen umgehen müssen.

Dieses Buch will Mitreisenden auf der rauhen Lebensstraße Mut machen. Je länger man auf ihr unterwegs ist, um so mehr erkennt man, daß das Leben eine Glaubensstraße ist. Wie Martin Luther einmal sagte: »Wir sind noch nicht, was wir sein werden, aber wir wachsen zu ihm hin; es ist noch nicht vollendet, aber es kommt; es ist noch nicht das Ziel, aber es ist der Weg.«

Egal, wieviel Vorbereitung Sie in diese Reise gesteckt haben, Sie werden auf Hindernisse stoßen, an die Sie nie gedacht hatten. Sie werden Probleme konfrontieren, Entscheidungen treffen müssen. In jeder neuen Lebenskrise werden neue Lektionen zu lernen und neues Wachstum möglich sein. In jeder Schwierigkeit werden Sie dem Leben in seiner ganzen Realität gegenüberstehen. An jeder Kreuzung müssen Sie sich neu für eine Richtung entscheiden. Manchmal werden andere dasein, die Ihnen helfen, aber manchmal werden Sie ganz allein unterwegs sein. Verzagen Sie dann nicht – Gott ist dort, wo Sie ihn am meisten brauchen. Er wird Ihr Leid und Ihre Last mittragen und Ihnen helfen, Antworten auf Ihre Probleme zu finden.

Gott hat in seinem Wort zu uns gesprochen. Auf den Seiten der Bibel finden wir seine Wegweisung für die Probleme des Lebens, dort versichert er uns seiner Gnade, die uns nicht fallen läßt. Was Sie auch gerade durchmachen, Gott ist da, um Ihnen zu helfen.

In diesem Buch soll es darum gehen, die Antworten auf die Probleme des Lebens zu finden. Aber auch um Gottes Gnade, die uns dabei durchträgt. Es ist ein Buch der Hoffnung, das uns neu zu der Bibel als dem größten Hand- und Hilfsbuch aller Zeiten hinführt. Die Bibel gibt uns Weg und Weisung zu jedem Grundproblem des Lebens und spricht uns Gottes Hoffnung und Hilfe zu.

Ich möchte meinem lieben Freund und ehemaligen Schüler, Dr. Tim Clinton, Vorsitzender der American Association of Christian Counselers (AACC), für die persönliche Ermutigung danken, mit der er mir bei diesem Projekt zur Seite gestanden hat; außerdem Mrs. Emily Boothe, die das Originalmanuskript tippte und mehrere hilfreiche Vorschläge machte. Es ist mein Gebet, daß Gott die folgenden Kapitel benutzen möge, um Menschen zu helfen, die seine Gnade für die Reise ihres Lebens suchen.

Dr. Ed Hindson
There's Hope!
Atlanta, Georgia

Kapitel 1

Hab ich Probleme!

Jeder hat Probleme! Wir kommen nicht sehr weit auf der Lebensstraße, ohne ihnen zu begegnen. Früher oder später stehen wir alle vor Herausforderungen und Schwierigkeiten, die uns an die Grenze unserer Möglichkeiten drücken. Die Art und Komplexität dieser Probleme kann verschieden sein, aber für den, der sich mit ihnen herumschlagen muß, sind sie sehr real.

Ich habe ein halbes Leben damit verbracht, Menschen mit Problemen zu helfen, und ich staune immer wieder, was ich von denen lernen kann, die mitten in ihrem Kampf Gottes Gnade erfahren. Es gibt keine einfachen Patentlösungen für die großen Lebensprobleme. Gott erinnert uns immer wieder daran, daß er der einzige ist, der die Antworten hat für das wehe Herz, das zerbrochene Leben, die suchende Seele.

Die Botschaft der Bibel ist eine der Hilfen für den Bedrückten. Ihre Seiten sind der größte Medizinschrank der Welt. Ihre zeitlosen Wahrheiten haben sich im Härtetest von einer Generation nach der anderen bewährt. Statt immer neuer Theorien und Experimente bietet die Bibel uns soliden Rat, der auf der inspirierten Wahrheit des Wortes Gottes als Fundament gründet. Dieses Wort sagt uns, daß der einzige, der uns bei unseren Problemen helfen kann und will, Gott ist.

Unser Alltagsleben läßt uns immer wieder den Segen Gottes erfahren, aber auch Schwierigkeiten, Probleme und Kämpfe. Die Bibel erinnert uns daran, daß Gott uns *in* unseren Schwierigkeiten tröstet und sie uns nicht unbedingt wegnimmt (2. Korinther 1,4), ja Leiden und Probleme sind geradezu seine Werkzeuge zur Formung unseres Lebens und Charakters. Manchmal benutzt Gott die schlimmsten Umstände zu unserem ganz persönlichen Allerbesten.

Die Bibel versichert uns, daß Gott größer ist als unsere Probleme. Da er über das ganze Universum herrscht, kann er jeden noch so schwierigen Umstand in unserem Leben zu unserem Besten benutzen. Wie es in Römer 8,28 heißt: »Wir wissen aber, daß denen, die Gott lieben, alle Dinge zum Besten dienen, denen, die nach seinem Ratschluß berufen sind.«

Die Tatsache, daß Sie gerade auf einer schwierigen Wegstrecke sind, ist vielleicht der deutlichste Hinweis darauf, daß Gott in Ihrem Leben am Werk ist.

In unserer menschlichen Schwäche wollen wir vor Problemen am liebsten davonlaufen – aber Gott will diese Probleme zu unserem Besten benutzen. Die Tatsache, daß Sie gerade auf einer schwierigen Wegstrecke sind, ist vielleicht der deutlichste Hinweis darauf, daß Gott in Ihrem Leben am Werk ist. Die tiefen Lektionen des Lebens lernt man selten dann, wenn alles glatt läuft.

Das wirkliche Lernen beginnt, wenn nichts mehr läuft! Dann werden wir gewöhnlich offen für Gott. Wenn wir total in der Sackgasse stecken, rufen wir instinktiv Gott um Hilfe an. Das ist wie ein Urinstinkt. Selbst der Ungläubige ruft: »Gott, hilf mir!«, wenn die Wellen über ihm zusammenschlagen.

Den ersten Schritt tun

Die Art, wie wir unsere Probleme angehen, ist der Schlüssel zu ihrer Lösung. Die Art unserer Reaktion auf sie bestimmt, ob unsere Probleme Gelegenheiten zum Wachsen werden oder uns geistlich und seelisch zu Boden drücken. Der erste Schritt zur Überwindung meiner Probleme ist, daß ich ihnen *mit der richtigen inneren Einstellung* gegenübertrete.

Falsche Einstellungen sind der Ausdruck unserer inneren Lebensfrustration und unserer Bitterkeit gegen Gott, daß »er das zugelassen hat«. Sie sind Symptome unserer Weigerung zu glauben, daß Gott die letzte Kontrolle über unser Leben hat. Sie ziehen uns nicht näher zu Gott, sondern entfernen uns immer mehr von ihm.

Wenn ich vor Gott davonrenne, renne ich vor dem einzigen davon, der mir wirklich helfen kann. Und je mehr wir rennen, um so mehr verfolgt er uns, wie ein »himmlischer Jagdhund«. Er streckt uns seinen Gnadenarm entgegen, auch da, wo wir das gar nicht wollen. Hebräer 6,19 erinnert uns daran, daß Jesus Christus unsere Hoffnung ist, »ein sicherer und fester Anker unserer Seele«. Es ist ein Anker, der bis hinein ins Herz Gottes geht, durch den Vorhang hindurch in das Allerheiligste im Himmel. Sie sind vielleicht so weit weggelaufen, daß die Kette auf das äußerste gespannt ist – aber Gott läßt Sie nicht los, wenn Sie zu ihm gehören.

Das Ziehen in Ihrem Herzen ist Gottes Ziehen an der Kette dieses Hoffnungsankers. Jene ruhelose Unzufriedenheit in Ihrer Seele ist das Flüstern des Heiligen Geistes, der Sie zurückziehen will zu dem Gott, der Sie liebt. Daß Sie ihn letztlich doch nicht loslassen wollen, zeigt, daß seine Gnade in Ihrem Leben am Werk ist. Er hat Sie nicht aufgegeben, ja er hat vielleicht gerade sein größtes Werk in Ihnen begonnen.

Der Sieg über unsere Probleme beginnt in dem Augenblick, wo wir uns ihnen stellen. Solange wir leugnen, daß wir ein Problem haben, werden wir es nie wirklich angehen können. Und ob wir uns darüber klar sind oder nicht – die meisten unserer Probleme sind das Ergebnis unserer eigenen falschen, sündigen Reaktionen auf die Herausforderungen des Lebens. Nur wenn wir diese Sünde sehen und zugeben, werden wir darangehen können, sie zu korrigieren. Die Bibel nennt diesen Prozeß »Bekennen« und »Buße« (Lukas 13,3; 1. Johannes 1,9).

Das Grundschema zum Angehen der meisten Probleme des Lebens ist relativ einfach:

1. **Die Realität sehen.** Hören Sie auf, so zu tun, als sei alles gut, wenn nichts gut ist. Solange Sie Ihre Probleme verdrängen, können Sie sie nicht lösen. Sie werden ein vorübergehendes Erleichterungsgefühl bekommen, mehr nicht. Je eher Sie sich der Realität stellen, um so größer ist die Chance, daß Sie die Kurve kriegen.

2. **Verantwortung übernehmen.** Werden Sie bereit, selber etwas zu tun, um Ihre Probleme zu lösen. Ihre Mitmenschen können Ihnen Ermutigung und Hilfe in Ihrer Krise geben, aber Ihre Probleme für Sie lösen können sie nicht. Die entscheidenden Schritte tun, um Ihre Probleme zu lösen, können letztlich nur Sie selber.

3. **Das Rechte tun.** Es gibt bei jedem Problem eine richtige und eine falsche Lösung. Finden Sie die richtige und tun Sie sie! Gottes Wort wird Sie dabei leiten. Es sagt uns ganz gezielt, wie wir gerade die größten Lebensprobleme lösen können.

Gott vertrauen

Ein Großteil des Neuen Testaments handelt von Krisen. Mehrere der Briefe wurden speziell geschrieben, um solche Dinge wie Scheidung, Prozessieren vor Gericht, Krankheit, Tod, Spaltungen, Irrlehren, Unzucht, Unordnung und Ehe-

und Familienprobleme zu behandeln. Es gibt kaum ein Problem der heutigen Christen, das nicht in der Bibel behandelt wird. Wenn wir vor einem Problem stehen und wirklich Gottes Willen für unser Leben wissen wollen, wird die Bibel uns die Antwort zeigen. Schauen wir uns das folgende Beispiel an:

»Ich dachte, daß ich es richtig machte«, sagte Tom. »Wir brauchten das Geld, und ich hatte nicht vor, ewig und drei Tage so zu schuften. Aber bevor ich wußte, wie mir geschah, zog Julie mit den Kindern aus und ging zu einer ihrer Freundinnen.«

Der Schlüssel zum Lösen unserer Probleme ist, daß wir lernen, Gottes Anweisungen zu vertrauen.

Und Tom erklärte: Fast zwei Jahre lang hatte er sechs Tage in der Woche auswärts gearbeitet. Manchmal war er drei Wochen an einem Stück fort, und Julie kam sich immer überflüssiger vor. Als er auf ihre Bitten nicht zu reagieren schien, nahm sie eines Tages die Kinder und ging.

»Was kann ich tun, um sie wiederzubekommen?« fragte Tom. »So hab ich das doch nie gewollt!«

Die Geschichte von Tom und Julie ist kein Einzelfall, ja unter den heutigen Paaren im Streß des modernen Lebens ist sie nur zu oft eine Realität. Viele Entscheidungen bezüglich Ehe, Arbeit und Familie werden getroffen, ohne in die Bibel zu schauen, die doch so wichtig ist für ein gelungenes Leben.

Der Schlüssel zum Lösen unserer Probleme ist, daß wir lernen, Gottes Anweisungen zu vertrauen. Zu viele Menschen meinen, sie könnten einfach selber alles entscheiden und anschließend Gott um seinen »Segen« bitten. Nein, der erste Schritt muß sein, daß wir herausfinden, was Gottes Wille für uns ist – und dann müssen wir eben dies tun, in dem Vertrauen, daß er es segnen wird. Gottes Segen empfängt, wer bereit ist, seine Gebote zu befolgen.

Unsere Bereitschaft, Gott durch dick und dünn unseres Lebens zu vertrauen, hängt von unserem Glauben an seine Liebe ab. Wo dieser Glaube fehlt, sprechen wir Gott unser Mißtrauen aus. Wir lehnen sein innerstes Wesen ab. Wenn wir Gott nicht unsere Probleme anvertrauen, bezweifeln wir damit seine Wahrhaftigkeit und Unbestechlichkeit. Weil er ein wahrhaft all-liebender Gott ist, der nur unser Bestes will, müssen wir lernen, in jeder Lebenslage zu glauben, daß er uns liebt.

Gottes Allmacht sehen

Toms und Julies Ehekrise führte zu einer zeitweiligen Trennung, aber sie zog auch ihre Aufmerksamkeit in die richtige Richtung. Sie hörten endlich auf mit ihrer Verdrängungstaktik. Das war nicht einfach, aber sie fingen an, das zu tun, was sie schon längst hätten tun sollen – sie sprachen ehrlich und offen über ihre Gefühle, sie beteten miteinander und sie suchten eine biblisch fundierte Eheberatung auf. Und nach und nach wurden sie fähig, sich ihren Problemen zu stellen und sie zu lösen.

Ob wir dies nun in allen Einzelheiten verstehen oder nicht, aber Gott ist der Herr über das, was in unserem Leben geschieht. Jay Adams schreibt: »Wie schlimm die Krise auch aussehen mag, sie ist nie so schlimm, daß Gott sie nicht lösen könnte.«[1] Jede Krise in unserem Leben hat einen Platz in Gottes Plan für uns. Wir mögen diesen Plan nicht verstehen, wenn wir mitten drinstecken in unserem Kampf, aber es kommt der Tag, wo wir sehen werden, wie diese Situation zu unserem Besten war.

Vollmächtige biblische Seelsorge muß Gott als die zentralste, wichtigste und hoffnungsstärkste Person in unser Leben einführen. Er allein hat alles, was nötig ist, um uns zu geben, was wir brauchen, unser Leben zu prägen und uns durch unsere Probleme hindurchzubringen. Adams schreibt: »Der Seelsorger hat die Aufgabe, Gott ganz in die Krise einzubinden. Er hat das gesamte Bild neu zu malen – als eines, in welchem Gott am Werk ist, um seine Ziele zu erreichen ... Dies zu tun, bedeutet eine grundlegende Veränderung der Krise. Sie bekommt eine ganz neue Dimension; sie wird zu etwas, an dem *Gott beteiligt ist*.«[2]

Diese Grundwahrheit, die in popularpsychologischen christlichen Lebenshilfebüchern so oft übersehen wird, ist unerläßlich, will man die Probleme des Lebens aus einer echt christlichen Perspektive verstehen. Wenn Gott wirklich da ist, dann sind wir nicht allein mit unseren Problemen. Wenn sein allmächtiger Wille stärker ist als diese Probleme, dann gibt es drei Dinge, deren wir uns ganz sicher sein können:

1. **Gottes Allmacht begrenzt unsere Krise**
   Als Herr über unser Leben setzt Gott dem Ausmaß und der Dauer der Krise Grenzen. Er tat dies schon bei den Angriffen des Satans auf Hiob (Hiob 1,12; 2,6). Jesus warnte Petrus, daß der Teufel ihn wie Weizen »sieben« würde, aber gleichzeitig versicherte er ihm, daß er für sein Durchkommen gebetet hatte (Lukas 22,31-32). Die Bibel stellt klar, daß uns nichts widerfahren kann, was außerhalb von Gottes Allmacht liegt.

2. **Gottes Allmacht gibt unseren Problemen Sinn**
   Die Probleme des Lebens sind nicht tragische Episoden im absurden Drama der menschlichen Existenz. Unsere Kämpfe, Nöte und Leiden haben einen Sinn. Römer 8,18 verheißt uns, daß »dieser Zeit Leiden nicht ins Gewicht fallen gegenüber der Herrlichkeit, die an uns offenbart werden soll«. Und Jay Adams sagt über unseren Kampf: »Es ist etwas Lohnendes, Aufregendes, ein Stückchen Abenteuer, etwas Heiliges in ihm ..., weil es alles einen Sinn hat: Gott ist in der Krise!«[3]

3. **Gottes Allmacht versichert uns seiner Gnade**
Es gibt kein Problem im Leben, das zu groß für Gottes Gnade wäre. Er ist unser Helfer in der Not. Als der Apostel Paulus mit seinem »Pfahl im Fleisch« kämpfte, sagte Gott ihm: »Laß dir an meiner Gnade genügen; denn meine Kraft ist in den Schwachen mächtig« (2. Korinther 12,9). Die Bibel fordert uns auch auf: »Alle eure Sorge werft auf ihn; denn er sorgt für euch« (1. Petrus 5,7). Gottes Gnade reicht für jedes nur erdenkliche Problem aus.

Den Glaubensschritt wagen

Die Bibel versteht unter »Glauben« ein tiefes persönliches Sich-Anvertrauen, das zu konkreten Schritten führt. Nirgends definiert sie Glauben als bloßes gedankliches Fürwahr-Halten. Die Gottesmänner und -frauen in der Bibel nicken nicht bloß bejahend. Echter Glaube bedeutet eine totale Auslieferung des Ichs an Gott.

Ein Mensch, der wirklich bekehrt ist, glaubt den Verheißungen Gottes so, daß er bereit ist, ihm sein ganzes Leben hinzugeben. Wir mögen nicht jede Einzelheit dieser Hingabe begreifen, aber wir wissen, daß unser Glaube an das Evangelium uns zur Lebensübergabe an Jesus Christus geführt hat.

Und eben diese Hingabe braucht es, wenn es um Gottes Hilfe bei unseren Problemen geht. Ich staune immer wieder, daß es Menschen gibt, die Gott zutrauen, ihnen ihre Sünde zu vergeben und ewiges Leben zu schenken, aber die sich offensichtlich nicht vorstellen können, daß er ihre Ehekrise lösen kann.

Eine nur halbherzige Hingabe wird Ihnen nicht helfen bei Ihren Problemen. Entweder Gott kann Ihnen helfen oder nicht. Entweder ich vertraue ihm oder nicht. Doch, so einfach ist das. Die meisten von uns bilden sich ja ein, eine »richtige« Problemlösung habe doch wohl kompliziert zu sein. Aber Jesus hat ganz einfach gesagt: »Kommt her zu mir, alle, die ihr mühselig und beladen seid; ich will euch erquicken. Nehmt auf euch mein Joch und lernt von mir; denn ich bin sanftmütig und von Herzen demütig; so werdet ihr Ruhe finden für eure Seelen« (Matthäus 11,28-29).

Jesus ist unser Rollenvorbild für unsere geistliche und geistige Gesundheit. Während die meisten von uns »mühselig und beladen« sind, ist er »sanftmütig und demütig«. Die Bibel berichtet uns, daß er angesichts seiner eigenen Kreuzigung nicht »schmähte« oder »drohte«, sondern »sich dem übergab, der gerecht richtet« (1. Petrus 2,23 Elbf). Was heißt das? Kein Geringerer als Jesus selber mußte völlig darauf vertrauen, daß Gott der Vater die Ungerechtigkeit des Kreuzes in etwas verwandeln würde, das dem allmächtigen Willen Gottes dienen mußte.

Wenn Jesus lernen mußte, Gott zu vertrauen, wieviel mehr dann wir! Jede Krise in unserem Leben ist eine Gelegenheit für uns, in der Gnade zu wachsen, aber meistens reagieren wir auf sie so, daß sie uns weiter von Gottes Gnade wegtreibt. Anstatt Christus ähnlicher zu werden, werden wir ihm oft immer unähnlicher. Gary Collins schreibt nicht ohne Grund: »Die Nachfolge ist ein solch zentrales Thema in der Lehre des Neuen Testamentes und im Leben des Christen, daß man es unmöglich übergehen kann, wenn ein Christ sich in eine seelsorgerliche oder andere helfende Beziehung hineinbegibt.«[4]

> Glaube ist nicht ein blinder Sprung ins Dunkle. Glaube heißt, das bejahen, was Gott gesagt hat, und mein Leben entsprechend einrichten.

Der Schlüssel zum Umgang mit unseren Problemen ist, daß wir sie in Gottes Hände legen. Solange wir dies nicht tun, werden wir unsere Probleme nicht lösen und nicht in

Gottes Gnade wachsen, sondern uns weiter fruchtlos um uns selber drehen.

Der *Prozeß des Gottvertrauens* kann in einem einfachen Schema so dargestellt werden:

»So einfach kann das doch nicht sein«, monierte Tom. »Wenn das alles wäre, das würde ich sofort machen.«

»Wirklich?« fragte ich ihn.

»Na klar«, antwortete er.

»Dann sagen wir es mal so«, sagte ich. »Wenn also Ihr Beruf Ihre Ehe ruiniert, werden Sie dann genügend Gottvertrauen haben, Ihre jetzige Stelle aufzugeben, wenn es das braucht, um Ihre Ehe zu retten?«

»Ist das nicht ein bißchen viel?« sagte Tom zögernd.

»Nein«, erwiderte ich. »Das ist Glaube!«

Glaube ist nicht ein blinder Sprung ins Dunkle. Glaube heißt, das bejahen, was Gott gesagt hat, und mein Leben entsprechend einrichten. Gott hat uns gesagt, wie wir richtig leben können. Er läßt uns nicht im Dunkeln über seinen Willen für unser Leben. Er buchstabiert ihn uns in der Bibel vor, und er läuft auf dieses hinaus: Entweder ich vertraue Gott oder ich vertraue ihm nicht.

Die Frage aller Fragen lautet: *Vertraue ich Gott oder nicht?* Die Antwort auf diese Frage wird darüber entscheiden, wie Sie mit den Krisen Ihres Lebens umgehen. Sie können Ihren eigenen Weg gehen – oder Gottes Weg.

Welchen Weg werden Sie wählen?

Kapitel 2

Zuversicht in der Krise

Eine Krise, das ist alles, was den normalen Gang des Lebens unterbricht – eine ungewöhnliche Situation, die meinen Alltag durcheinanderbringt. Eine Krise führt entweder zu Wachstum oder zur Katastrophe. Oft ist sie ein Wendepunkt in meinem Leben, ob nun zum Guten oder zum Bösen. Daß Krisen in mein Leben hineinbrechen, kann ich nicht beeinflussen – wohl aber, wie ich auf sie reagiere.

Eine Krise bewältigen verlangt gewöhnlich, daß ich mich Dingen in meinem Leben stelle, die ich lieber verdrängt hätte. Oft zwingt uns eine Krise, auf einem Gebiet geistlich und seelisch zu wachsen, das wir uns nie selber ausgesucht hätten. Das aber heißt, daß Gott selbst die schlimmsten Probleme dazu benutzen kann, die bestmöglichen Ergebnisse in unserem Leben hervorzubringen.

Die Wucht einer Krise rührt daher, daß sie uns gleichsam aus der Balance wirft. Jeder von uns ist tagtäglich damit beschäftigt, sein Leben im Gleichgewicht zu halten. Jeden Tag jonglieren wir mit den Bällen unserer körperlichen, seelischen und geistlichen Reaktionen auf die Herausforderungen des Lebens. Selbst an unseren allerbesten Tagen hakt es hier und da einmal, aber diese kleinen Störungen werden selten zu einer Krise; wir haben sie im Griff. Zur Krise kommt es, wenn wir vor einem größeren

Problem stehen, das unser Alltags-Jongliertalent überfordert.

> Daß Krisen in mein Leben hineinbrechen, kann ich nicht beeinflussen – wohl aber, wie ich auf sie reagiere.

Nicht alle Krisen sind gleich, aber alle sind sie Störungen unseres Lebensuhrwerks, die uns zwingen, bessere Methoden zum Umgang mit unseren Problemen zu finden. Man kann allgemein folgende fünf *Typen von Krisen unterscheiden:*

1. **Situationskrisen.** Dies sind Situationen vom Typ »höhere Gewalt«, die wir nicht kontrollieren können, zum Beispiel Krankheiten, Unfälle und persönliche Konflikte. Die Situation selber diktiert die Art der Krise (z. B. Autounfall).

2. **Gefühlskrisen.** Diese Krisen werden von unseren emotionalen Reaktionen auf Situationen ausgelöst – Wut, Bitterkeit, Sorgen, Angst, Feindseligkeit. Die genaue Art der Krise wird von unseren eigenen Gefühlen bestimmt – zum Beispiel wenn ein Wortwechsel zu einem Wutausbruch führt, in welchem sich aufgestaute Frustrationen Bahn brechen.

3. **Übergangskrisen.** Manchmal entsteht eine Krise einfach dadurch, daß wir uns in einer Veränderungsphase befinden, mit der wir nicht sofort zurechtkommen. Das können solche Dinge sein wie Umzüge, Arbeitsplatzwechsel, ein neuer Beruf, Pensionierung oder Alter – neue Lebensphasen, die geistige und psychische Umorientierungen erfordern, die zunächst wie ein Berg vor uns stehen.

4. **Entwicklungskrisen.** Dies sind Reifungskrisen, die oft im Übergang von einem Lebensabschnitt zum nächsten auftreten. Vom Kind zum Jugendlichen und vom Jugendlichen zum Erwachsenen zu werden ist schon immer eine Herausforderung gewesen. Manche kommen ganz gut damit zurecht, bei anderen kommt es zu handfesten Lebenskrisen.

5. **Traumatische Krisen.** Traumatische Ereignisse wie Vergewaltigung, Einbruch und andere Verbrechen, Tod, Mord, Gerichtsprozesse, ja sogar eine bevorstehende Scheidung können unsere emotionale Stabilität ruinieren und uns in den psychischen Zusammenbruch schleudern. Die nur zu häufigen Schikanen gegen Kinder, Frauen, Senioren oder Menschen mit lebensbedrohenden Krankheiten sind weitere, nur zu häufige Beispiele.

Die Stadien einer Krise

Auch wenn jede Krise anders ist, gibt es doch ein gewisses gemeinsames Grundmuster aus aufeinander folgenden »Stadien«. Jayne Crisp hat die von Morton Bard und Dawn Sangrey erarbeiteten drei Phasen wie folgt dargestellt:[1]

1. **Erstes Stadium: Zusammenstoß**
   Hilfe: Kontakt aufnehmen. Die erste Eigenschaft einer Krise ist, daß sie ohne Vorwarnung zuschlägt und unvermittelt unsere Sicherheit bedroht. Jayne Crisp: »Die erste oder *Zusammenstoß*phase der Krise schleudert die Betroffenen oft in einen Schockzustand hinein. Sie fühlen sich hilflos und wie betäubt und können nicht fassen, was ihnen da passiert ist.«[2] Oft stehen in diesem Stadium die akuten Sicherheitsbedürfnisse des Betroffenen im Vordergrund. Hier kann die erste Aufgabe darin bestehen, daß man den Betroffenen schlicht beruhigt.

2. **Zweites Stadium: Reaktion**
Hilfe: Das Problem klären. In dieser Phase befindet sich der Betroffene oft in einem Zustand der inneren Verwirrung und Isolation. Dies kann Tage, aber auch Monate anhalten. Crisp schlägt vor: »Versuchen Sie, das Problem zu präzisieren, indem Sie den Betroffenen über das traumatische Ereignis sprechen lassen, um so das Trauma zu ›normalisieren‹ und die tiefe innere Einsamkeit, die der Betroffene womöglich durchmacht, zu reduzieren.«[3]

3. **Drittes Stadium: Neuanfang**
Hilfe: Bewältigungsstrategien kultivieren helfen. Wie jemand mit einer Krise umgeht, entscheidet oft darüber, ob er aus dieser Erfahrung lernt. In dieser Phase kommt es zur Neubewertung von Zielen und Plänen, ja vielleicht des ganzen Lebens. Dies ist der Punkt, wo positive geistliche Entscheidungen aus Verlegenheiten lebenverändernde Gelegenheiten machen können. Das Trauma einer Ehescheidung, eines Trauerfalles oder des Verlustes des Arbeitsplatzes kann oft zum Wendepunkt des Lebens werden.

Die Struktur einer Krise

Säkulare wie christliche Berater und Therapeuten sind sich einig, daß Krisen gemeinhin einer typischen Struktur folgen. Der Schock der Krise wirft den Betroffenen gewöhnlich zunächst einmal aus dem Gleichgewicht. Donna Aguilera und Janice Messick beschreiben dies als einen Übergang aus einem Gleichgewichtszustand in einen Ungleichgewichtszustand[4] und geben etwa folgendes Schema für den Gesamtverlauf einer Krise. (Schema siehe nächste Seite.)

Man beachte, daß die meisten Krisen nicht sehr lange anhalten. Ihr Auftreten bedeutet daher nicht, daß man sofort sämtliche ungelösten Fragen und Probleme seines Lebens angehen muß. Das Wichtigste im Anfangsstadium

Inneres Gleichgewicht

↓

Krisensituation

↓

Inneres Ungleichgewicht

↓

Bedürfnis nach Wiederherstellung des Gleichgewichts

↙ ↘

Positive Reaktion

1. Regulierende Faktoren vorhanden
2. Realistische Einschätzung der Krise
3. Angemessene Hilfen vorhanden
4. Bewältigungsstragien vorhanden
5. Lösung der Krise

Negative Reaktion

1. Regulierende Faktoren nicht vorhanden
2. Unrealistische Einschätzung der Krise
3. Keine angemessenen Hilfen vorhanden
4. Keine Bewältigungsstrategien vorhanden
5. Intensivierung der Krise

einer Krise ist, daß wir dem Betroffenen helfen, sein geistliches, geistiges und emotionales Gleichgewicht wiederzugewinnen. Um die anderen Dinge kann man sich dann später kümmern. Wenn zum Beispiel ein Ehemann, den seine Frau gerade verlassen hat, sich umzubringen droht, müssen wir uns als erstes mit dieser Selbstmorddrohung beschäftigen, bevor wir die Eheproblematik angehen können.

Eine Krisensituation baut sich gewöhnlich in folgenden Schritten auf:

1. *Wachsende Spannung.* Der Druck wird immer stärker, der Betroffene fühlt sich immer gestreßter.

2. »Ich kann nicht mehr.« Der Betroffene erreicht die absolute Grenze seiner Belastbarkeit – er hält die Belastung nicht mehr aus.

3. *Notlage.* Der Zusammenbruch der seelischen Kräfte führt gewöhnlich zu einer handfesten Notstandssituation; das Ruder gleitet einem gänzlich aus der Hand.

4. *Desorganisation.* Die Krise ist komplett: Der Betroffene steht vor einem heillosen Durcheinander, das ihm ein sinnvolles Reagieren unmöglich macht.

Ein häufiges Beispiel ist der Verlust des Arbeitsplatzes. Der Betroffene sieht dies kommen – die Spannung wächst und wächst. Schließlich ist er ihr nicht mehr gewachsen, und er fällt in Panik, Isolation oder Verdrängung. Ist die Kündigung dann da, sitzt er nicht selten hilflos zu Hause und wartet darauf, daß jemand ihm eine neue Stelle anbietet. Dieses passive, die Eigenverantwortung beiseite schiebende Warten auf Hilfe kann sich zu einem Dauerzustand entwickeln.

Mögliche Reaktionen auf eine Krise

Menschen, die in einer Krise stecken, verlieren oft die Kontrolle über ihr Leben. Ihre Gefühle entwickeln ein Eigenleben, und es kommt zu Reaktionen, die sie unter »normalen« Umständen niemals wählen würden:

1. *Schock.* Manche Krisenopfer fallen in einen Schockzustand, der gleichsam als Schutzschild vor den massiven Auswirkungen der Krise fungiert – wie bei dem Autofahrer, der nach dem Unfall ziellos umherläuft und etwas von einem Kratzer an seinem Schuh murmelt, während sein Auto halb zertrümmert ist.

2. *Angst.* Oft folgt auf den ersten Schock der Krise ein Zustand ständiger Ängste. So manches Unfallopfer

wird von Alpträumen über den Unfall verfolgt; möglicherweise hat es längere Zeit eine irrationale Angst vor dem Reisen oder Fahren.

3. *Depression.* Das Schock- oder Angsttrauma zehrt an den seelischen Kräften, bis hin zur Depression. Der Depressionszustand kann Tage, aber auch Monate oder Jahre anhalten. Solch eine Depression geht gewöhnlich erst wieder weg, wenn der Betroffene sich wieder »sicher« fühlt.

4. *Gewalt.* Verdrängter Groll und Angst machen sich oft in Wut- und Gewaltausbrüchen Luft. So kann eine frisch verwitwete Mutter ungewöhnlich zornig reagieren, wenn ihr Kind ihr nicht beim Abwasch geholfen oder sein Zimmer aufgeräumt hat. Sie lenkt ihren Zorn auf ein »Ziel« um, das gewissermaßen harmloser ist, als wenn sie Gott verwünschen würde, weil er ihr ihren Mann genommen hat.

5. *Pseudo-Bewältigung.* Eine der am schwierigsten zu erkennenden Reaktionen ist die Scheinbewältigung. Da hat jemand seinen Ehepartner oder seine Arbeit verloren und ist scheinbar ganz gefaßt, ja fröhlich. Aber nur scheinbar. Eigentlich handelt es sich nur um ein Wunschdenken, das in den psychologisch und religiös »korrekten« Einstellungen und Worten verpackt ist.

Wenn wir es nicht lernen, auf eine biblische Art auf unsere Krisen zu reagieren, werden wir unweigerlich Opfer solcher Fehlreaktionen werden. Dies ist ganz besonders »verführerisch«, wenn wir uns einbilden, daß ein »richtiger« Christ nicht weinen darf, nicht wütend sein darf usw. Das fromme »Überspielen« unserer Gefühle führt nur zu einer Verdrängung, aus der sie jederzeit wieder auftauchen können.

Die Grenzen sehen

Jede Krisensituation legt uns gewisse Beschränkungen auf, die sich aus der Art der Krise ergeben. Wenn wir Menschen in ihren Krisen helfen wollen, müssen wir uns dieser Grenzen bewußt sein:

1. *Die Zeit ist kurz.* Eine Krise verlangt im allgemeinen rasche Entscheidungen, so daß wir nicht viel Zeit zum Überlegen haben. Ob es um uns selber geht oder ob wir jemand anderem helfen wollen, wir müssen schnell handeln. Dies ist nicht die Zeit für langwierige Prozeduren.

2. *Konzentrieren Sie sich auf das unmittelbare Problem.* Was ist die Ursache der Krise, und was können wir unternehmen? Gehen Sie der Sache auf den Grund und nicht um den heißen Brei herum. Es kann verschiedene Nebenprobleme geben, die auch mit der Krise zu tun haben, aber von untergeordneter Dringlichkeit sind. Schieben Sie diese zunächst beiseite und nehmen Sie sie sich später vor. Jetzt geht es erst einmal um das Hauptproblem!

3. *Betonen Sie das Verhalten hier und jetzt.* In einer Krise ist wenig Zeit für psychologische Analysen und die Untersuchung von Kindheitserlebnissen und geistlicher Reife. Krisenintervention muß das gegenwärtige Verhalten im Blick haben. Christliche Krisenberatung muß darüber hinaus nach biblisch fundierten Reaktionen suchen. Der in der Krise stehende Mensch muß sich fragen: »Was will Gott hier und jetzt von mir, in dieser konkreten Krisensituation?«

4. *Kurzfristige Ziele setzen.* Sie können nicht alles in den Griff bekommen in einer Krise, aber Sie können durchaus die unmittelbaren Probleme erfolgreich angehen. Wenn eine Frau ihren Mann nach einem Ehestreit verlassen hat, ist es das erste Gebot, die beiden

wieder an einen Tisch zu bekommen. Erst danach ist gegenseitiges Vergeben und ein Neuanfang möglich.

Die Ziele setzen

Unser Umgang mit unseren eigenen Krisen wie unsere Beratung anderer Menschen in Krisensituationen wird von unseren Zielen geprägt. Die meisten säkularen Modelle empfehlen folgende Schritte:

1. Die unmittelbare Krise lösen
2. Zu persönlichem Wachstum ermutigen
3. Bewältigungsstrategien fördern

All dies sind sicher gültige, richtige Ziele für jeden, der Menschen in Krisensituationen helfen möchte. Christen wissen jedoch darum, daß dieses Bild, das die säkularen Berater malen, noch nicht die ganze Wirklichkeit ist.

> Sie können jeder Krise zuversichtlich gegenübertreten, wenn Sie darum wissen, daß Gott sie in seiner Hand hat.

Erstens: Die Lösung der unmittelbaren Krise muß klaren biblischen Richtlinien folgen. Einem Ehepaar, das sich wegen Ehestreitigkeiten getrennt hat, wird ein säkularer Berater möglicherweise eine längere Trennung zum »Abkühlen« empfehlen. Die Bibel sieht das etwas anders. Nach 1. Korinther 7,10-11 sollten Ehepaare nicht auseinandergehen. Kommt es trotzdem zu einer Trennung, gelten die folgenden drei Prinzipien: 1) keine Wiederheirat, 2) Versöhnung suchen, 3) keine Scheidung. Aufgrund dieses einen Bibelabschnitts können wir Menschen in Ehekrisen eindeutig die folgenden Ratschläge erteilen:

1. Trennt euch nicht, wenn es nicht absolut notwendig ist.

2. Fangt nicht an, euch nach einem anderen Partner umzusehen.

3. Bemüht euch mit aller Kraft um Aussöhnung.

4. Seht Scheidung nicht als Option.

Zweitens: »Persönliches Wachstum« ist als geistliches Wachsen zu definieren. Heutzutage wird der Begriff *Wachstum* recht locker angewandt. In der Perspektive der Bibel bedeutet Wachstum einen geistlichen Reifeprozeß, bei dem wir Christus immer ähnlicher werden (vgl. Römer 8,29; 12,1-2).

Drittens: »Bewältigungsstrategien« sind mehr als Selbsthilfe-Tips, Selbsthilfegruppen oder Ausdruck von Emotionen in der Gruppe. Biblische Bewältigungsmechanismen sind:

1. eine persönliche Beziehung zu Jesus Christus,

2. der vertraute Umgang mit Gott,

3. Gebet und Bibelstudium,

4. Christliche Seelsorge,

5. Christliche Disziplin,

6. Gemeinschaft mit anderen Christen,

7. Bevollmächtigung durch den Heiligen Geist.

Wo alle diese Faktoren im Leben eines Gläubigen vorhanden sind, kommt es zu mehr als »Bewältigung« – es kommt zu echtem inneren Wachstum. Eine Krise braucht keine Lebensniederlage zu sein. Gott kann Ihnen helfen, wertvolle Lehren aus ihr zu ziehen, die Sie auf Dauer zu einem besseren Menschen machen. Geben Sie nicht auf, wenn das Leben rauh wird; die Krise, in der Sie gerade stecken, könnte die wichtigste Gelegenheit zum Lernen und Wachsen sein, die Sie je gehabt haben.

Sie können jeder Krise zuversichtlich gegenübertreten, wenn Sie darum wissen, daß Gott sie in seiner Hand hat. Er ist größer als Ihre Probleme, und seine Gnade reicht aus, um Ihnen das zu geben, was Sie brauchen. Er wird Sie nie in eine Situation fallen lassen, die zu schwer für seine Gnade wäre. Römer 8,37-39 erinnert uns: »Aber in dem allen überwinden wir weit durch den, der uns geliebt hat. Denn ich bin gewiß, daß [nichts] ... uns scheiden kann von der Liebe Gottes, die in Christus Jesus ist, unserm Herrn.«

Kapitel 3

Meine Gefühle verstehen

Unsere Gefühle und Emotionen sind das Benzin, das den Motor unserer Reaktionen auf die Herausforderungen des Lebens antreibt. Mal sind wir himmelhoch jauchzend, dann wieder zu Tode betrübt. Manchmal spielen unsere Gefühle uns einen Streich mit ihrer Plötzlichkeit – wie wenn wir auf einer Hochzeit weinen müssen oder bei einer Beerdigung lachen oder gegen unseren besten Freund aufbrausen.

Wir können unsere Gefühlsausbrüche nicht immer verhindern, aber wir können lernen, mit ihnen umzugehen. Tun wir dies nicht, kann es geschehen, daß unsere Emotionen unser Leben und unsere Beziehungen zu Verwandten und Freunden ruinieren.

Zorn kann eine sehr destruktive Emotion sein. Der Zornige sagt oder tut Dinge, die er womöglich ein Leben lang bereuen wird. Wut kann eine Freundschaft erschüttern, eine Beziehung schädigen, eine Ehe zerstören. Ungezügelt kann sie zur zerstörerischsten Kraft in der Welt werden. Doch recht kontrolliert und mit dem richtigen Motiv kann sie eine starke Macht zum Guten sein.

Das griechische Wort für Wut oder Zorn ist *orge,* was wörtlich »Gemütsregung« oder »Affekt« bedeutet und in der Bibel gewöhnlich Zorn meint. Zorn ist eine der stärksten Leidenschaften. Aber die Bibel stellt klar, daß nicht jeder Zorn automatisch sündig ist. Psalm 7,12 (Schlachter-Übersetzung) sagt, daß Gott »täglich zürnt«. Die Bibel hat viel zu sagen über den Zorn Gottes über die Sünde. Gott haßt Sünde – aber sein Haß selber ist nicht sündig. Der Zorn über sündige Handlungen ist etwas durchaus Normales, ja zuweilen Notwendiges.

Zornige Reaktionen lösen ein Problem meist nicht; im Gegenteil: sie verschlimmern es noch!

Der Apostels Paulus ermahnt uns, uns nicht zu versündigen, wenn wir wütend werden (Epheser 4,26) – ein deutlicher Hinweis, daß der »Zorn des Gerechten« über eine besonders häßliche Sünde etwas durchaus Realistisches ist. Jeder anständige Mensch reagiert empört, wenn er hört, daß wieder irgendwo unschuldige Menschen massenweise umgebracht worden sind. Aber es ist nicht einfach, unseren Zorn auf den Zorn des Gerechten zu beschränken. Meist sind wir mehr zornig als gerecht ...

Und so fährt Paulus in Epheser 4,26-27 mit der Warnung fort, die Sonne nicht über unserem Zorn untergehen zu lassen und dem Teufel keinen Ansatzpunkt in unserem Leben zu geben. Wer von seinem Zorn nicht abläßt, kann sich damit mehr Schaden zufügen, als er durch das Vergehen, über das er so wütend ist, erlitten hat.

Unbewältigte Wut gerät außer Kontrolle und kann zu allen möglichen Konflikten und Übeln führen. Jesus selbst hat uns gewarnt: »Es ist unvermeidlich, daß Ärgernisse kommen« (Lukas 17,1 Schlachter). Das Christsein ist keine Versicherung gegen Verletzungen in unserem Leben; wir müssen vielmehr lernen, richtig mit den Verletzungen umzugehen.

Wie gehe ich mit meinem Zorn um?

Zornige Reaktionen lösen ein Problem meist nicht; im Gegenteil: sie verschlimmern es noch! Wenn wir an die Decke gehen oder die Tür zuknallen, sagen wir damit eigentlich: »Hau ab! Ich will nichts mit dir zu tun haben.« Sündige Wut ist ein großer Kommunikationshemmer. Sie baut Barrikaden statt Brücken. Wer seinen Zorn mit Knall und Rauch hinausläßt, scheucht damit seine Mitmenschen weg; wer sich hinter einer schweigenden Leidensmiene versteckt, auch, denn die anderen spüren sehr wohl, daß seine Ruhe nur scheinbar ist.

Es gibt mindestens fünf Schritte, die wir tun können, um erfolgreich mit einer Situation, die uns zornig macht, umzugehen:

Schritt 1: Die Situation neu überdenken. Jakobus schreibt: »Ein jeder Mensch sei schnell zum Hören, langsam zum Reden, langsam zum Zorn« (Jakobus 1,19). Auch Sprüche 25,8 warnt uns vor Überreaktionen gegenüber unserem Nächsten. Wenn Sie spüren, daß Sie wütend werden wollen, fragen Sie sich: »Ist mir hier wirklich ein Unrecht geschehen, oder übertreibe ich es?« Prüfen Sie die Situation. Denken Sie daran: Der Schein kann auch trügen!

Schritt 2: Zu Gottes Wertesystem zurückkehren. Die Bibel lehrt sehr klar, daß Gottes Maßstab für den Wert eines Menschen auf Liebe und Annahme basiert, während der Maßstab der Welt auf Konkurrenzdenken und Feindseligkeit gründet. Auf der Grundlage von 1. Korinther 13 (Menge) können wir diese beiden Maßstäbe wie folgt einander gegenüberstellen:

Wie Gott den Wert eines Menschen mißt	*Wie die Welt Menschen behandelt*
1. *Die Liebe ist langmütig.* Gott versteht unser Wesen. Mit großer Geduld vergibt er uns immer wieder unsere Fehler. Er drängt uns nicht in Dinge hinein, die	1. *Der Zorn hat keine Geduld.* Er will seinen Willen haben, und das sofort. Er ist bereit, die Interessen der anderen zu opfern, wenn dies seinen eigenen Zielen

nicht zu unserem Besten sind.

2. *Die Liebe ist freundlich.* Während Geduld die Abwesenheit häßlicher Reaktionen auf die Mitmenschen ist, ist Freundlichkeit eine positive Reaktion des helfenden Zugehens auf den anderen, eine aktive Rücksichtnahme auf seine Bedürfnisse.

3. *Die Liebe ist frei von Neid.* Sie sieht es nicht als Bedrohung, wenn jemand anderes Erfolg hat oder gelobt wird. Der liebende Mensch weiß darum, daß sein Wert in Gott gründet und unabhängig von den Leistungen seiner Mitmenschen ist. Die Liebe wünscht dem Mitmenschen ehrlich das Beste.

4. *Die Liebe prahlt nicht, sie bläht sich nicht auf.* Der liebende Mensch glaubt nicht, daß er mehr verdient, als er hat, und hütet sich davor, auf Kosten anderer stolz auf seine Leistungen zu sein. Er ist wahrhaft demütig und um das Wohl der anderen bemüht.

5. *Die Liebe ist nicht rücksichtslos.* Sie fragt immer danach, wie der andere sich wohl fühlt. Sie hat Verständnis für das Temperament, die Psyche und den ganz persönlichen Hintergrund des Mitmenschen und sieht ihn als jemanden, der stets Respekt und Höflichkeit verdient hat.

dient. Echte Geduld ist für den Zornigen ein Fremdwort.

2. *Der Zorn ist grausam.* Er ist nicht nur ungeduldig, er sieht in den Schwächen des anderen Gelegenheiten, ihn auszubeuten. Der Zornige betrachtet Freundlichkeit als etwas Unnützes und Schwächliches.

3. *Der Zorn braucht den Neid.* Der Zornige glaubt, daß der Erfolg seiner Mitmenschen immer mehr oder weniger auf seine Kosten geht. Er fühlt sich daher durch ihn bedroht, wird schnell neidisch und versucht, den anderen mit allen Mitteln zu überholen. Er ist bereit, »über Leichen zu gehen«, um seinen eigenen Erfolg zu sichern.

4. *Der Zorn brüstet sich.* Für den Zornigen ist der Stolz eine Waffe, mit der er den anderen einschüchtern kann. Gott hat einiges gegen das Prahlen zu sagen, aber der Zornige benutzt es als probates Mittel, sich seinen Wert zu beweisen und seinen Vorsprung gegenüber den anderen zu sichern.

5. *Der Zorn ist aufdringlich und oft unhöflich.* Der Zornige betrachtet Höflichkeit und die Gefühle der anderen als unnütze Hindernisse auf seinem sturen »Ich bin der King!«-Weg. Das Wohl seiner Mitmenschen ist ihm im Grunde egal.

6. *Die Liebe sucht nicht ihren Vorteil.* Sie sucht nicht zuerst den eigenen Erfolg, Vergnügen oder Sicherheit, sondern ist ehrlich um das Wohl des anderen bemüht. Ein solches Verhalten kann nur aus dem Herzen eines Menschen kommen, in welchem der Heilige Geist wohnt und herrscht.

6. *Der Zorn sucht immer zunächst seinen eigenen Vorteil.* Der Zornige sieht das Leben als Freistil-Boxkampf mit dem Motto »Der Sieger kriegt alles«. Nicht Dabeisein, sondern Siegen ist für ihn alles. Zorn ist das Futter der Egomanie.

7. *Die Liebe läßt sich nicht erbittern.* Die Liebe ist geduldig in ihren emotionalen Reaktionen. Sie tritt dem Mitmenschen flexibel und verständnisvoll entgegen. Sie weiß darum, daß in den allermeisten Situationen des Lebens Zurückhaltung und Ruhe not tut. Bissige Worte und Bemerkungen und Zwietracht stiftende Gerüchte kommen nicht aus einem liebenden Herzen.

7. *Der Zorn läßt sich leicht erbittern.* Er betrachtet impulsive Reaktionen als erlaubtes und effektives Mittel, um seine Ziele zu erreichen. Schon beim geringsten Anlaß kann er explodieren.

8. *Die Liebe trägt das Böse nicht nach.* Die Liebe weiß darum, daß Vergebung die Kraft ist, die eine Beziehung zwischen Gott und Mensch ermöglicht. Sie weiß, daß ohne Vergebung keine Beziehung gedeihen kann und keine tiefere Kommunikation möglich ist.

8. *Der Zorn vergißt und vergibt nichts.* Nachtragen, Groll und Rache sind typisch für die Art, wie der chronisch Zornige auf die Probleme und Rückschläge des Lebens reagiert. Der Zornige sieht über erlittenes Unrecht nicht hinweg, sondern legt sorgfältig eine Akte darüber an – für immer.

9. *Die Liebe freut sich nicht über das Unrecht.* Sie ist nicht schadenfroh über die Fehler der anderen. Sie hofft das Beste für sie, und es bricht ihr das Herz, wenn sie sich zum Ungehorsam gegen Gott entscheiden. Sie freut sich nicht, wenn die, die Gottes Wort verwerfen, die Folgen dafür tra-

9. *Der Zorn freut sich, wenn es anderen schlecht geht.* Der Zornige findet, daß Menschen, die Gottes Wort verletzt haben und jetzt deswegen in Not sind, halt »das kriegen, was sie verdient haben«. Hinter der frommen Fassade des Zornigen liegt die klammheimliche Hoffnung, daß

gen müssen. Liebende Menschen sind vergebende Menschen.

die anderen sich so weit von Gott entfernen werden wie er selber.

Schritt 3: Unversöhnlichkeit bewußt ablegen. Wir müssen lernen, die Personen, die uns verletzt haben, als Menschen zu betrachten, die Liebe und Anerkennung verdient haben. Die Bibel lehrt klar, daß wir dann, wenn wir Gottes Vergebung und Segen in unserem Leben erfahren wollen, bereit sein müssen, unseren Mitmenschen zu vergeben. In Matthäus 6,14-15 sagt Christus ohne Wenn und Aber, daß Gott uns erst dann in die volle Gemeinschaft mit ihm zurückläßt, wenn wir unseren Mitmenschen vergeben und unsere Differenzen mit ihnen bereinigt haben. Gott macht auch klar, daß er die Gebete von unversöhnlichen Menschen nicht erhören wird. Wenn Gott den anderen für seiner Liebe und Zuwendung wert hält, dann müssen wir Buße tun über unsere Bitterkeit und Verachtung, damit wir Vergebung lernen können.

Philipper 2,6-7 führt uns vor Augen, wie Christus uns ein Beispiel gegeben hat, indem er sich nicht für höher hielt als den Vater. Obwohl er göttlichen Wesens war, war er bereit, auf seine göttlichen Vorrechte zu verzichten. Der erste Aspekt dieser Selbsterniedrigung war dieser Verzicht auf sein »gutes Recht« als Gottessohn, um als Mensch zu leben. Aber ein zweiter, nicht minder wichtiger Aspekt war, daß er so zum Rollenvorbild für uns Menschen wurde und uns vorlebte, wie wir unsere unfruchtbaren Emotionen ablegen können. Wir müssen bereit sein, Buße zu tun für jegliche Verachtung gegenüber anderen Menschen. Der Mensch, der sich in seinem Verhältnis zu seinen Mitmenschen wahrhaft frei gemacht hat von Selbstmitleid, Bitterkeit, Ablehnung und Stolz, hat das Geheimnis zur Überwindung des Zorns begriffen.

Schritt 4: Seine Energien auf die Lösung des Problems umlenken. Wenn wir die obigen Schritte auf einen konkreten Fall von Zorn in unserem Leben angewandt haben, werden wir wahrscheinlich merken, daß unsere emotionale Energie damit noch längst nicht abgebaut ist. Es bleiben gleichsam »Nachbeben«, die zu Unbehagen und Spannungen führen, wenn wir ihre Energie nicht positiv nutzen. Es gilt, unseren ursprünglichen Zorn in konstruktive, problemlösungsorientierte Bahnen zu lenken. Produktivität, nicht Aggressivität ist der Weg zu persönlicher Reife und Wachstum.

Schritt 5: Den Rat reifer Christen suchen. Die Bibel lehrt uns, daß ein treuer Freund eine wertvolle Quelle von geistlichen und praktischen Einsichten in Krisenzeiten ist. Sprüche 12,15 sagt, daß der Tor alles nur durch seine eigene Brille sieht und daß der Weise Rat sucht. Es kann auch geistlich stärkend und vertiefend wirken, wenn ich vor einem Bruder oder einer Schwester in Christus ein Fehlverhalten oder eine rücksichtslose Einstellung bekenne. Jakobus 5,16 redet von dem Wert eines solchen Bekenntnisses, sowohl für die Vertiefung der geistlichen Einheit als auch für die schnellere Lösung schwieriger Probleme. Auch das gegenseitige Ermutigen und Ermahnen ist ein wichtiger Aspekt dieses fünften Schrittes. Hebräer 3,13 fordert uns auf, dies täglich und unverzüglich zu tun. Warum ist dies so wichtig? Weil es uns davor bewahrt, innerlich zu verhärten und uns einzubilden, daß wir ganz allein und ohne Hilfe dastehen.

Die Alternative zum Zorn

»Laßt die Sonne nicht über eurem Zorn untergehen« (Epheser 4,26). Je länger ich meine Wut behalte, um so mehr werde ich mich gegenüber dem Menschen, der mich verletzt hat, verhärten. Wenn wir gegen die Umstände unseres Lebens aufbegehren, begehren wir eigentlich gegen Gott auf, der diese Umstände in der Hand hat. Solch eine Einstellung sagt praktisch: *Ich könnte die Welt besser regieren!* Der Zornige wie auch der Sorger versucht das Unmögliche: Gott ins Handwerk zu pfuschen.

Jeder Christ hat den Heiligen Geist (Römer 8,9) und damit die Möglichkeit, die Früchte des Geistes hervorzubringen: Liebe, Freude, Friede, Geduld, Freundlichkeit, Güte, Treue, Sanftmut und Selbstbeherrschung (Galater 5,22-23). Wir haben letztlich keine Entschuldigung dafür, sündigen Groll und Zorn zu hegen, weil Gott uns alles Nötige zur Verfügung stellt, um ihn mit Liebe und Vergebung zu überwinden. Die biblische Alternative zum Zorn ist, ihn abzulegen und durch Freundlichkeit und herzliche Vergebung zu ersetzen (Epheser 4,31-32). Die gerade genannten fünf Schritte sind eine ganz praktische Hilfe dazu.

Nur aktiver Widerstand kann den Heiligen Geist daran hindern, seine Frucht in unserem Leben zu bringen. Der zornige Christ muß sich der Tatsache stellen, daß er sich in Rebellion gegen Gott befindet.

Zorn führt leicht zu noch sündigeren Haltungen und Handlungen wie Haß, Bosheit, Rachsucht, Lästerung, bis hin zu Mord und Totschlag. Unkontrollierter Zorn ist wie der Zünder an einer Bombe. Haß (griech. *echthra*) ist eine bittere Feindschaft und das Gegenteil von *agape* (göttlicher Liebe). Bosheit ist der ungerechtfertigte Wunsch, jemanden zu verletzen oder zu vernichten. Rachsucht (griech. *ekdikeo*) ist das Bestreben, anderen Menschen heimzuzahlen, was sie einem angetan haben. Jemanden lästern heißt ihn schmähen oder beschimpfen (vgl. den Ausdruck *Lästermaul*). Und Mord schließlich (griech. *phoneuo*) beginnt nach der Bergpredigt bereits mit dem Zorn im Herzen (Matthäus 5,21-22).

Diese Kettenreaktion des Bösen fängt mit Bitterkeit an und verbreitet sich wie eine Pest. Zorn ist der äußere Ausdruck einer inneren Bitterkeit. Unkontrollierter Haß kann bis zum Mord gehen. Solcher Haß ist das genaue Gegenteil von Liebe, die das, was der andere mir Böses getan hat, vergibt und vergißt.

Bedenken wir: Gott ist nicht zornig auf uns geblieben. Trotz unserer Sünde liebte er uns und sandte uns seinen Sohn, um für diese Sünde zu sterben. Er hat uns Vergebung und ewiges Leben angeboten. Gottes Vergebung ist total und unmittelbar. Kein Wunder, daß er uns aufruft, einander zu vergeben, »wie auch Gott euch vergeben hat in Christus« (Epheser 4,32).

Bedenken wir: Gott ist nicht zornig auf uns geblieben. Trotz unserer Sünde liebte er uns.

»Du hast mir echt weh getan«, sagt Sandra zu Jack. »Ich möchte dir ja gerne vergeben, aber ich weiß nicht, ob ich das kann.«

»Warum denn nicht?« fragt Jack nervös.

»Ich weiß nicht, ob ich dich nicht immer noch hasse!« erwidert sie.

Sandras Haltung ist typisch für Menschen, die verletzt sind. Unsere natürliche Reaktion auf Verletzungen ist Wut und Groll. Aber als Christen müssen wir auch sehen, daß wir nicht wütend bleiben dürfen.

Zurechtweisen und vergeben

Wir können es nicht immer vermeiden, daß uns etwas weh tut. Aber dieser Schmerz muß uns nicht bitter machen oder zerstören. Bitterkeit ist das Ungesündeste, was es für unsere Seele gibt. Sie zerfrißt unser geistliches Leben, bis wir kaum noch als Christen zu erkennen sind. Sie ist der Krebs der Seele, der jährlich Millionen von Opfern fordert. Sie verbreitet sich schneller als die Grippe und bedroht das Überleben vieler Kirchen. Aber die Lage ist nicht hoffnungslos! Es gibt ein dynamisches Heilmittel für diese furchtbare Geißel.

Das Prinzip der Vergebung ist eine mächtige Kraft im Leben des Gläubigen. Sie kann das härteste Herz weich und das schmutzigste Gewissen sauber machen. Richtig angewendet, ebnet sie den Weg zur Versöhnung zwischen den schlimmsten Feinden. Sie öffnet die Seele für das Wirken des Heiligen Geistes und wird so oft zum Schlüssel des reichen Segens Gottes.

Das Leben wird uns immer wieder weh tun. Solange Sie leben, werden andere Menschen Sie beleidigen, verletzen, enttäuschen. Aber es muß nicht sein, daß diese Dinge Ihre Sicht vom Leben beherrschen. Sie können es lernen, sich über die Enttäuschungen des Lebens zu erheben.

Jesus lehrte seine Jünger, das Problem der Kränkungen und Bitterkeit dadurch zu lösen, daß sie Vergebung lernten. Für uns gilt genau das gleiche. Jesus sagt: »Wenn dein Bruder sündigt, so weise ihn zurecht; und wenn er es bereut, vergib ihm« (Lukas 17,3). Man beachte, daß wir, wenn jemand uns verletzt, eine doppelte Aufgabe haben: *zurechtzuweisen* und zu *vergeben*.

Jemanden zurechtweisen ist nicht dasselbe wie ihn »fertigmachen« oder explodieren. Es ist eine ganz sachliche Feststellung: »Was du da gesagt hast, hat mir echt weh getan.« – »Daß du das so siehst, finde ich schlimm.« Es braucht geistliche Reife, um jemanden im rechten Geist zurechtzuweisen – oder eine Zurechtweisung entgegenzunehmen! Die Bibel fordert uns auf: »Laßt uns aber die Wahrheit reden in Liebe« (Epheser 4,15 Elbf.).

Vom Leben lernen

Oft ist der Alltag unser bester Lehrer, und mit die wichtigsten Lektionen, die wir lernen können, kommen aus den wohlgemeinten Zurechtweisungen, die wir von unseren Mitmenschen, vor allem unseren Freunden, bekommen. Dies kann jedoch nur funktionieren, wenn wir es lernen, Zurechtweisungen nicht als Majestätsbeleidigungen zu betrachten.

Jesus hat gesagt: »Was siehst du aber den Splitter in deines Bruders Auge, und den Balken in deinem Auge nimmst du nicht wahr?« (Lukas 6,41). Nur zu oft sehen wir gar nicht, wie schlecht wir uns benehmen. Darum sollen wir als Christen die Menschen, die uns verletzen, persönlich zurechtweisen und uns nicht hinter ihrem Rücken über sie beklagen. Wir sollen direkt zu ihnen gehen (Matthäus 18,15). Tun wir dies nicht, kann dies die ernstesten Folgen haben – daß Gott uns *unsere* Sünden auch nicht vergibt (Matthäus 18,33.35).

Es ist Gott ungeheuer wichtig, daß Christen untereinander eins sind. Er betrachtet hartnäckiges Nachtragen als große Niederlage im Christenleben. In Johannes 17,17-21 stellt Jesus klar, daß *Heiligung* (d. h. daß der einzelne Gläubige Christus ähnlicher wird) zum großen Teil an der *Eintracht* zwischen den verschiedenen Gläubigen abgelesen werden kann.

Wenn diese Eintracht Gott so wichtig ist, sollten wir uns überlegen, wie man eine Zurechtweisung durch einen anderen Christen auf die rechte Art entgegennimmt. Wenn jemand uns gekränkt hat, reagieren wir ja gewöhnlich mit einem der folgenden vier Gefühle: Wir fühlen uns *verstimmt, enttäuscht, betrogen* oder *angegriffen.*

Jedes dieser vier Gefühle basiert auf einem bestimmten Denken in uns. Der *Verstimmte* hat den Eindruck: »Man hat mich beleidigt.« Der *Enttäuschte* sagt: »Man hat mich verraten.« Der, der sich *betrogen* fühlt, sagt: »Man hat mich ausgenutzt.« Und wer sich *angegriffen* fühlt, der sagt: »Man hat mich grundlos bedroht / angeklagt.«

Gefühlsreaktion	**Das zugrunde liegende Denken**
Ich bin verstimmt.	Man hat mich beleidigt.
Ich bin enttäuscht.	Man hat mich verraten.
Ich fühle mich betrogen.	Man hat mich ausgenutzt.
Ich fühle mich angegriffen.	Man hat mich bedroht / angeklagt.

Als Jesus seine Jünger anweist, einem Bruder, der siebenmal am Tag zu ihnen kommt und ihnen sagt: »Es tut mir leid!«, jedesmal zu vergeben, ist ihre Reaktion: »Stärke uns den Glauben!« (Lukas 17,5). Worauf Jesus ihnen sagt, daß der, der Glauben »so groß wie ein Senfkorn« hat (Lukas 17,6), Bäume versetzen kann. Mit anderen Worten: »Ihr braucht nicht mehr Glauben – benutzt den kleinen Glauben, den ihr schon habt.« Je mehr wir unseren Glauben ausüben, um so größer wächst er.

Uns so sehen, wie Gott uns sieht

Um seinen Jüngern noch klarer zu machen, wie wichtig und mächtig das Vergebungsprinzip ist, erzählte Jesus ihnen das Gleichnis von den unnützen Knechten (Lukas 17,7-10). In diesem Gleichnis geht es um die Einstellung der Jünger zu sich selber und zu ihren Mitmenschen. Jesus erinnert uns daran, daß wir letztlich eigentlich alle »unnütz« sind. Er fordert uns auf, uns so zu sehen, wie wir wirklich sind. Egoistische und innerlich unsichere Menschen fühlen sich besonders schnell beleidigt, und oft versuchen sie, dies dadurch zu kompensieren, daß sie den anderen vorgaukeln, daß sie besonders wichtig seien. Sie sind sofort eingeschnappt, wenn etwas nicht so geht, wie sie das wollen, und wenn der Rest der Welt sich nicht um sie und ihre Pläne dreht, kann das ja wohl nur daran liegen, daß Gott sie nicht mag ... Nie sehen sie sich so, wie Gott sie sieht. Aber wenn solche Menschen lernen sollen, anderen zu vergeben, müssen sie dahin kommen, daß sie sich endlich als das sehen, was sie sind – als unnütze Knechte und trotzdem von Gott bedingungslos Geliebte. Erst dann kann Gott wirklich wirken in ihrem Leben.

Ausreden

Unser egoistischer innerer Schweinehund flüstert uns gerne diverse Ausreden dafür ein, unseren Mitmenschen nicht zu vergeben:

- Rache (*Rache ist süß.*)
- Zorn (*Ich bin zu aufgewühlt, um zu vergeben.*)

- Eifersucht (*Das gönne ich ihm nicht!*)
- Angst (*Was, wenn es wieder passiert?*)
- Stolz (*Ich bin im Recht!!*)
- Gefühlsbarometer
(*Mir ist gerade nicht nach Vergeben zumute.*)
- Selbstgerechtigkeit (*Das hat er nicht verdient.*)
- Schlechtes Gewissen
(*Ich kann mir ja selber nicht vergeben.*)
- Leiden (*Wer so leidet wie ich, kann nicht vergeben.*)
- Sorgen
(*Was, wenn er das in den falschen Hals bekommt?*)

Die letzte Rückzugsbastion ist: »Ich kann nicht vergeben« – im Klartext: »Ich will nicht vergeben!« Nun, uns ist vielleicht nicht nach Vergeben *zumute*, aber das nimmt uns nicht von Gottes Anweisung, willig zu vergeben, aus. Wir können immer das tun, was recht ist; Gott gibt uns immer die Kraft dazu. Seine Gnade reicht immer aus, egal, wie schwierig die Aufgabe. Wenn wir anderen vergeben, bekräftigen wir damit das, was Christus für uns am Kreuz tat, als er für unsere Sünden starb, damit wir Vergebung bekämen.

Lassen Sie Gottes Kraft in Ihrem Leben frei!

Die Bibel sagt sehr klar, daß falsche Einstellungen den Heiligen Geist betrüben und Gottes Wirken in unserem Leben behindern: »Alle Bitterkeit und Grimm und Zorn und Geschrei und Lästerung seien fern von euch samt aller Bosheit. Seid aber untereinander freundlich und herzlich und vergebt einer dem andern, wie auch Gott euch vergeben hat in Christus« (Epheser 4,31-32).

Wir müssen alle falschen, aus der Bitterkeit kommenden Gefühle ablegen. Die Kettenreaktion der Bitterkeit führt nur zu leicht zu offenen Konflikten, die Menschen verletzen und der Sache Christi schaden. Wir müssen es lernen, anderen genauso total zu vergeben, wie Gott uns vergeben hat.

Das mächtige, positive Prinzip der Vergebung wird unseren verbitterten Geist aufschließen und die Kraft Gottes in unserer Seele freisetzen. Es wird uns freundlich, sanft und versöhnlich machen. Es wird uns Christus ähnlicher machen.

Unsere Gefühle verstehen

Gefühle sind ein normaler Bestandteil unseres Alltags. Ein gutes Fußballspiel begeistert uns, eine Beerdigung macht uns gewöhnlich traurig, eine Familienfeier froh. Unser Leben wird zu einem Großteil von Gefühlen beeinflußt, ja bestimmt. Unsere Gefühle sind der Ausdruck unserer körperlichen und seelischen Befindlichkeit. Wir sagen: »Ich fühle mich prima!«, oder: »Heute fühle ich mich gar nicht gut.«

Wir leben heute in einer gefühlsorientierten Gesellschaft. »Wenn du dich gut dabei fühlst, dann tu es!« ist das existentielle Motto unseres Zeitalters. Gefühle sind in, Überzeugungen out. An die Stelle traditioneller Glaubenssätze und Werte ist das narzißtische Genießen getreten. Gefühle sind alles – dies ist ein Prinzip, das auch viele Christen in Sünde stolpern läßt. Die Ausreden sind zahlreich: »Aber ich fühle mich doch viel besser, wenn ich bei ihr bin.« – »Kann ich das nicht machen und trotzdem Gott lieben?« – »Will Gott denn nicht, daß wir glücklich sind?« Mit dergleichen Äußerungen setzen wir ein Fragezeichen hinter Gottes Maßstäbe für unser Leben.

Gefühle sind Symptome

Unsere Gefühle sagen uns, was gerade real in uns vorgeht. Oft sind sie Nebenprodukte unseres Denkens. Wenn wir zum Beispiel überzeugt sind, daß mit dem Tod alles aus ist, wird der Tod eines lieben Verwandten uns umwerfen. Wenn ich denke, daß ich häßlich oder minderwertig bin, werde ich mich häßlich oder minderwertig *fühlen*. Minderwertigkeit an sich ist ja zunächst einmal kein Gefühl, sondern ein Werturteil, das ich über mich selber fälle. Ähnlich kommt das Gefühl des schlechten Gewissens aus unserem Verhalten. Wenn ich etwas getan habe, das ich für »nicht recht« halte, beginnt mein Gewissen zu klopfen.

Es gibt Christen, die sich nicht erlöst *fühlen*. Das sollte uns nicht überraschen, denn die Überzeugung, daß ich erlöst bin, hat nichts mit meinen Gefühlen zu tun, sondern mit meinem Glauben. Die strikte Unterscheidung zwischen unseren Gefühlen einerseits und unserem Glauben und Verhalten andererseits ist unabdingbar für die Lösung unserer Probleme.

Unsere Einstellungen verraten, was wir im tiefsten über uns und unsere Probleme glauben. »Ich kann nicht!« bedeutet oft eigentlich »Ich will nicht!« Angst, Haß, Neid, Trauer, Sorgen – all das ist Ausdruck davon, wie wir denken. Unbiblisches Denken führt unweigerlich zu unbiblischem Verhalten. Ein unbiblisches Denken sagt Ihnen zum Beispiel, daß es Ihr gutes Recht ist, zu tun, was Sie wollen, und sich energisch zu wehren, wenn jemand Sie davon abhalten will. Die Bibel dagegen fordert uns auf, nicht streitsüchtig zu sein (1. Timotheus 3,3) und nicht zurückzuschlagen (Matthäus 5,39).

Gefühle können gefährlich sein

Unsere Gefühle offenbaren, wie wir wirklich denken. Sie ändern sich, wenn unser Denken und Glauben sich ändert. Unsere Gefühle können uns helfen, besser zu verstehen, was gerade in uns vorgeht, aber als Ratgeber, welchen Weg wir einschlagen sollen, taugen sie wenig. Impulsiv unseren Gefühlen folgen anstatt dem Wort Gottes, ist das Schlimmste, was wir tun können. Seine Gefühle beiseite schieben und das tun, was das Richtige ist – dies ist nicht Heuchelei, sondern Charakter. Es kommt übrigens öfter vor, als wir denken, daß wir gegen unsere Gefühle angehen – zum Beispiel wenn wir morgens aufstehen, obwohl uns eher nach Weiterschlafen zumute ist.

Wenn wir unser Handeln von unseren Gefühlen bestimmen lassen, begeben wir uns auf moralisch rutschigen Boden. Im Handumdrehen tun wir dann Dinge, die falsch sind – etwa die Schule schwänzen, lügen oder vor Problemen einfach weglaufen. Uns mag danach zumute sein, diese Dinge zu tun, aber das macht sie noch lange nicht richtig. Was christliche Moral und christliches Verhalten ist, steht schwarz auf weiß in Gottes Wort. Die Bibel selber ist die letzte Autorität für unser Leben, und nicht unsere Gefühle.

Unsere Gefühle überwinden

Selbstdisziplin kommt nur dann, wenn wir die Kunst der Selbstverleugnung lernen. Wir befinden uns in einem lebenslangen Kampf mit unseren Gefühlen. Um ein vom Geist Gottes bestimmtes Leben zu führen, müssen wir unserem Ich sterben. Die Schrift fordert uns auf, uns mit Haut und Haaren Gott hinzugeben »als ein Opfer, das lebendig, heilig und Gott wohlgefällig ist ... stellt euch nicht dieser Welt gleich, sondern ändert euch durch Erneuerung eures Sinnes« (Römer 12,1-2). Um uns wie Christen *verhalten* zu können, müssen wir lernen, wie Christen zu *denken*. Wir müssen biblisch denken, um biblisch zu handeln. Das richtige Denken und richtige Handeln wird dann zu den richtigen Gefühlen führen. Ich fühle mich »richtig«, wenn ich weiß, daß ich das Richtige getan habe.

Wir müssen stets auf der Hut davor sein, unser Leben von unseren Gefühlen bestimmen zu lassen. Es ist wichtig, daß wir verstehen, wie wir uns gerade fühlen und warum das so ist, aber niemals dürfen unsere Gefühle der letzte Maßstab für »recht« und »unrecht« sein. Die eine Frau fühlt sich nach ihrer Abtreibung gut, der anderen schlägt das Gewissen. Oder der Ehemann empfindet die Scheidung als Gottesgeschenk, seine Frau als Werk des Teufels. Wer hat recht? Hängt alles nur von meiner persönlichen Erfahrung und Sichtweise ab? Dann sind die Aussagen und Gebote der Bibel sinnlos und können jederzeit beiseite gewischt werden, weil »das bei mir ja anders ist«.

Der entscheidende Maßstab zur Beurteilung unserer Gefühle muß stets das Wort Gottes sein. Egal, wie wir uns gerade fühlen, in seinem Wort offenbart Gott uns seine Wahrheit. Wie hat Jesus noch gesagt? »Wenn ihr bleiben werdet an meinem Wort, so seid ihr wahrhaftig meine Jünger und werdet die Wahrheit erkennen, und die Wahrheit wird euch frei machen« (Johannes 8,32). Gottes Wahrheit befreit uns von der Diktatur unserer Gefühle und öffnet uns die Tür zur Gemeinschaft mit Gott. Sein Wort der Wahrheit heiligt uns und rüstet uns aus für unser Leben und unseren Dienst. Und egal, wie wir uns gerade fühlen, eine Wahrheit steht himmelhoch über allen anderen: Gott liebt uns!

Kapitel 4

Was mache ich mit meiner Depression?

Der Spiegel krachte, als Julie ihre Haarbürste gegen ihn schleuderte. »Was ist los?« fragte ihr Mann Brad.

»Ich kann nicht mehr!« Julie schluchzte auf. »Ich kann mein Haar nicht mehr ausstehen, ich kann mich selber nicht mehr ausstehen, ich mag nicht mehr!«

An diesem Morgen merkte Brad zum ersten Mal, daß Julie Depressionen hatte. Diese Szene war nur die erste in einer langen Reihe ähnlicher Ausbrüche.

Depressionen – die meisten Menschen haben sie irgendwann; die Dunkelziffer ist enorm. Eine Depression ist eine Art selbstgewählte Isolation, die geistliche, seelische oder körperliche Ursachen haben kann. Krankheit, der Verlust eines geliebten Menschen, das Gefühl, versagt zu haben, und vieles andere kann einen Menschen depressiv machen.

Die Bibel weiß von großen Männern Gottes, die für längere Zeit in Depressionen versanken: Hiob, Mose und Elia erreichten alle einen Punkt in ihrem Leben, wo sie am liebsten sterben wollten. David wurde von seiner eigenen Sünde ins Loch der Depression geschleudert, Jeremia von den Sünden des Volkes Israel.

Der Schmerz einer Depression kann größer sein als der einer körperlichen Krankheit. Mit das Schlimmste an Depressionen ist, daß es oft keine einfachen Lösungen für sie gibt. Gewisse körperliche Zustände (Störungen im chemischen Gleichgewicht, zu niedriger Blutzuckerspiegel, Wechseljahre u. a.) können gleichsam als Nebenwirkung zu Depressionen führen. Keinesfalls sollte man eine Depression auf die leichte Schulter nehmen. Eine Depression geht nicht dadurch weg, daß man so tut, als sei doch alles in Ordnung!

Was verursacht Depressionen?

Körperliche Ursachen

Manchmal wird eine Depression von körperlichen Faktoren verursacht, die nichts mit unserem geistlichen Zustand zu tun haben. Jede Störung der physischen Prozesse im Gehirn kann das Nervensystem aus seinem chemischen Gleichgewicht bringen, mit Depressionen als Folge. Unser Gehirn braucht gewisse chemische Schlüsselsubstanzen, die unsere Stimmung stabil halten, und jedes Zuviel oder Zuwenig dieser Substanzen kann zu drastischen Gemütsschwankungen und eben auch zur Depression führen.

Andere körperliche Ursachen von Depressionen sind Hypoglykämie (stark verringerter Blutzuckerspiegel), Unterfunktion der Schilddrüse, Störungen im Hormongleichgewicht (Östrogen/Adrenalin), Virusinfektionen wie Grippe und Mononukleose, Vitaminmangel, Medikamentenmißbrauch, hohe Belastung durch Umweltgifte, Erschöpfung und das prämenstruale Syndrom. Diese Dinge kann man nicht dadurch in den Griff bekommen, daß man sich mehr um seine geistliche Gesundheit kümmert; ihre Diagnose und Behandlung benötigt den entsprechend ausgebildeten Mediziner oder Psychologen.

Doch die meisten Depressionen haben eher geistlich-seelische als körperliche Ursachen. Das Problem der Depression ist am ernstesten unter den Geschiedenen, den

Verwitweten, den Arbeitslosen, den Schuldbeladenen, Einsamen und innerlich Leeren. Oft ist der Depressive jemand, der keinen Sinn mehr in seinem Leben sieht. Auch ein mangelhaftes Selbstwertgefühl, das Bewußtsein, nicht gebraucht zu werden, und ein gestörtes Gottesverhältnis können in die Depression führen. Da Gott der »Gott allen Trostes« ist (2. Korinther 1,3), ist er die einzige Quelle des Sieges über die geistlich verursachte Depression. Ob wir es nun zugeben oder nicht, eine nicht medizinisch verursachte Depression ist ein geistliches Problem, das einer geistlichen Lösung bedarf.

Geistliche Ursachen

Hartnäckige, länger anhaltende Sünde, die nicht vor Gott gebracht wird, kann im Leben eines Gläubigen zur Depression führen. Es kommt dann typischerweise zu der folgenden negativen Kettenreaktion:

Sünde. Das Schlimmste an der Sünde ist der Zerbruch der Gemeinschaft zwischen Gott und dem Menschen. Der Sünder entscheidet sich bewußt gegen Gottes Gebote, um seine eigenen Ziele zu verfolgen. Doch wer Gott den Gehorsam verweigert, der muß die Folgen tragen, und die sind schmerzlich (Hosea 8,7).

Angst. Die Schrift lehrt uns, daß Sünde nicht nur zur Trennung von Gott führt (Psalm 66,18), sondern auch das Herz des Gläubigen verzagt macht: »Ich bin wegen meiner Sünde in Angst« (Psalm 38,19 Einheitsübers.).

Der Weg hinaus aus dem Angst-Streß der Sünde geht über das Sündenbekenntnis und die Wiederherstellung der Gemeinschaft mit Gott. »Wer seine Sünde leugnet, dem wird's nicht gelingen; wer sie aber bekennt und läßt, der wird Barmherzigkeit erlangen« (Sprüche 28,13).

Depression. Die Verdrängung der Sünde und die Weigerung, sie zu bekennen und mit Gott ins reine zu kommen, stößt den Christen schließlich in die handfeste Depression hinein. Psalm 32,3 stellt klar, daß verdrängte Sünde das Problem nur schlimmer macht.

Verzweiflung. Hat die Depression sich erst einmal bei uns eingenistet, kann die Traurigkeit des Herzens uns jede Freude am Leben nehmen: »Wenn das Herz bekümmert ist, entfällt auch der Mut« (Sprüche 15,13).

Zusammenbruch. Das Endstadium dieses Prozesses ist ein innerer Zusammenbruch des ganzen Menschen. Die Bibel spricht bildlich vom »Verdorren der Gebeine« (vgl. Hiob 30,30; Psalm 31,11); im Volksmund spricht man manchmal vom »Nervenzusammenbruch«. »Eines Mannes Geist erträgt seine Krankheit; aber einen niedergeschlagenen Geist, wer richtet den auf?« (Sprüche 18,14 Elbf.)

Die Umstände, die eine Depression heraufbeschwören, können sich unserer Kontrolle entziehen, aber oft ist sie das Endergebnis davon, daß wir unsere Probleme nicht im Geiste der Bibel angegangen sind. Philipper 4,6-7 ruft uns zum Beispiel auf: »Sorget um nichts, sondern laßt in jeder Lage eure Anliegen durch Gebet und Flehen verbunden mit Danksagung vor Gott kund werden; dann wird der Friede Gottes, der höher ist als aller Verstand, eure Herzen und eure Gedanken in Christus Jesus bewahren.« (Menge)

Dieser Bibelabschnitt macht es klar, daß zu viele Sorgen oft aus zu wenig Gebet kommen. Die meisten Christen, die in die Seelsorge kommen, behaupten zunächst, daß sie über ihre Probleme gebetet haben, aber im weiteren Verlauf des Beratungsprozesses zeigt sich oft, daß sie sich eigentlich gar nicht in Kommunikation mit Gott befinden. Sie haben Gott vielleicht etwas über ihren Frust vorgemurmelt, aber das ist nicht dasselbe wie Beten! Gott streckt uns seine Hand entgegen, weil er will, daß wir zur Aktion schreiten gegen die Probleme und Enttäuschungen des Lebens. Dazu müssen wir ihm aber unsere Probleme in echtem Gebet hinlegen, das heißt, sie bewußt in seine Zuständigkeit übergeben und unser Herz und unser Denken seiner Führung anvertrauen.

Die Nebenwirkungen der Depression

Innere Konflikte – äußere Symptome

Der geistliche Konflikt, der einer geistlich verursachten Depression zugrunde liegt, äußert sich immer in ganz bestimmten körperlichen und emotionalen Symptomen:

- Hoffungslosigkeit,
- Zukunftsangst,
- Übermäßiges Sich-Sorgen,
- Pessismismus,
- Reizbarkeit,
- Konzentrationsmangel,
- Angst vor dem Tod,
- Angst vor Veränderungen,
- Mangel an Selbstvertrauen,
- Chronische Kopfschmerzen,
- Verminderte sexuelle Bereitschaft,
- Sich von anderen Menschen zurückziehen.

Solch eine Depression ist im wesentlichen eine Art Selbstmitleid. Sie ist eine selbstgewählte Flucht vor der Verantwortung in der real existierenden Welt. Etwas in der Welt des Betroffenen ist (aus seiner menschlichen Perspektive) nicht ganz richtig, und das macht ihm zu schaffen; im Laufe der Zeit wird der Frust zur Depression. Dieses Etwas, das ihm zu schaffen macht, kann alles mögliche sein: Gesundheit, Verwandtschaft, Ärger im Büro, Zukunftssorgen, Angst vor dem Älterwerden usw.

Das Entscheidende ist dabei nicht, *was* das Problem ist, sondern *wie* der Betroffene damit umgeht. Wenn wir uns von unseren Umständen entmutigen, besiegen oder bitter machen lassen, stellen wir damit im Grunde genommen Gottes Souveränität über diese Umstände in Frage. Wir denken: *Wie kann Gott allmächtig sein, wenn er so etwas zuläßt?* Unsere ichbezogene Sicht des Problems drückt uns nur noch tiefer in die Depression.

Das selbstzerstörerische Ich

Depressionen sind die Hauptursache von Selbstmord. Sobald jemand die Welt nur noch aus der Froschperspektive seines Ichs sieht und zu dem Schluß kommt, daß es halt nicht so gehen wird, wie er es möchte, ist er womöglich versucht, aus dieser Welt zu entfliehen. In den USA allein begeht alle zwanzig Minuten ein Mensch Selbstmord! Die Bibel erwähnt sieben Selbstmorde (Abimelech, Simson, Saul, Sauls Waffenträger, Ahitofel, Simri und Judas Iskariot), die alle das Ergebnis von Sünde waren.

Manche Menschen begehen »emotionalen Selbstmord«. Sie schneiden sich innerlich völlig von Gott und den Mitmenschen ab; sie ziehen sich in ihr Schneckenhaus zurück und sperren die Tür ihres Lebens zu. Dies kann zu einer, wie die Psychiater sie nennen, *psychotischen Depression* führen, bei der der Patient den Kontakt zur Realität völlig verliert. Gott will, daß wir die Tür wieder öffnen! Gott will, daß wir emotional gesund sind!

> Selbst Depressionen können letztlich zu unserem Besten dienen, wenn wir es zulassen, daß Gott sie recht benutzt.

Depressionen brauchen uns nicht zu besiegen oder zu zerstören. Sie können Gottes Werkzeug werden, mit dem er uns dazu bringt, unser falsches Denken und Handeln zu korrigieren. Römer 8,28 versichert uns, »daß denen, die Gott lieben, alle Dinge zum Besten dienen, denen, die nach seinem Ratschluß berufen sind«. Selbst Depressionen können letztlich zu unserem Besten dienen, wenn wir es zulassen, daß Gott sie recht benutzt.

Gott hat uns die *Fähigkeit* gegeben, Depressionen zu bekommen – aber nicht, um uns fertigzumachen, sondern um uns zu korrigieren. Der Mensch, der sich sündig gegen Gottes Handeln in seinem Leben sperrt, wird besonders depressionsgefährdet. Sie sagen jetzt vielleicht: »Aber ich kann doch nichts dafür, ich will doch nicht so sein.« Nun, die Depression überwinden können Sie nicht einfach dadurch, daß Sie sie wegwünschen, wegwollen oder wegbeten. Sie müssen vielmehr im Glauben konkrete Maßnahmen ergreifen.

Wie man Depressionen überwindet

Depressionen führen oft zur Hoffnungslosigkeit. Der Depressive verspürt keine Energie, etwas gegen seinen Zustand zu unternehmen (gewöhnlich, weil er nicht recht weiß, was er tun soll). Aber *Sie müssen etwas tun*!

1. Glauben Sie, daß Gott größer ist als Ihre Probleme. Wie tief Sie auch am Boden liegen, es ist nicht das Ende der Welt. Schauen Sie nach oben – Gott kann Ihnen helfen.

2. Geben Sie alle diese Probleme im Gebet an ihn ab. Murmeln Sie nicht nur ein paar Worte, *kommunizieren* Sie mit Gott, nehmen Sie sich Zeit für ihn. Beten Sie konkret, sagen Sie genau, wo der Schuh drückt. Bitten Sie Gott nicht nur allgemein, daß er Ihre Probleme wegnehmen möge, sondern daß er Ihnen das rechte Verständnis jedes Ihrer Probleme schenkt und eine gedankliche Strategie, wie Sie es Schritt für Schritt angehen können. Ergänzen Sie dies täglich mit einem Aktionsplan und dem Gebet um den Mut, jeden Tag einfach im Glauben einen Schritt nach vorne zu machen.

3. Glauben Sie an Gottes Plan für Ihr Leben, wie widrig Ihre Umstände auch sind. Was versucht er gerade durch diese Umstände bei Ihnen zu bewirken? Wie leisten Sie ihm Widerstand? Suchen Sie sich einen weisen Pastor, gutausgebildeten Seelsorger oder reifen Freund, der Ihre Situation und Ihre Reaktion auf sie analysieren kann (vgl. Sprüche 11,14).

4. Erkennen Sie, daß das Futter der Depression das Selbstmitleid ist und daß Sie dieses als Sünde bekennen und lassen müssen. Geben Sie sich nicht mit ein paar oberflächlichen Trostpflastern zufrieden, stellen Sie sich dem zugrunde liegenden Problem Ihres gestörten Selbstbildes. Erkennen Sie ohne Wenn und Aber Ihr Kreisen um sich selber und bekennen Sie es als Sünde. Das Gegenteil von Depression ist Freude. Die Bibel erinnert uns: »Die Freude am HERRN ist eure Stärke« (Nehemia 8,10). Wenn die Freude fehlt, fehlt auch die Kraft!

5. Werden Sie sich darüber klar, daß es nicht immer nach Ihnen gehen kann. Sich den Umständen seines Lebens beugen heißt, sich Gottes Willen für mein Leben beugen. Frust und Sorgen lösen nie etwas. Bedenken Sie die Wahrheit von 1. Korinther 10,13: »Bisher hat euch nur menschliche Versuchung getroffen. Aber Gott ist treu, der euch nicht versuchen läßt über eure Kraft, sondern macht, daß die Versuchung so ein Ende nimmt, daß ihr's ertragen könnt.«

6. Sehen Sie ein, daß Sie keine Entschuldigung dafür haben, depressiv zu bleiben. Nehmen Sie sich vor, alles Nötige zu tun, um Ihre Depression zu besiegen! Hören Sie auf, nur an sich selber zu denken, und fangen Sie an, für andere zu leben. Wo Gott Ihnen etwas auferlegt, gibt er Ihnen auch das, was Sie brauchen, um es zu bewältigen.

7. Gehen Sie hinaus in die Realität. Gott ist am Werk in Ihrem Leben. Vergessen Sie nicht, daß sündiges Denken (*Gott liebt mich nicht, er kann mir nicht helfen*) gerade so schädlich ist wie sündiges Verhalten. Falsche Gefühle werden nicht nur von falschem Verhalten verursacht, sondern auch von falschem Denken. Vergessen Sie nicht: Sie sind ein Gotteskind. Leben Sie dementsprechend!

8. Vermeiden Sie zuviel Streß. Einen Teil des Negativstresses in Ihrem Leben können Sie verringern. Vermeiden

Sie es, zu viele Veränderungen auf einmal zu haben. Innerhalb des gleichen Jahres ein Haus kaufen, den Beruf wechseln und sich ein Kind anschaffen – das ist ein bißchen viel.

Es kann auch streßlindernd wirken, sein Alltagstempo zu drosseln. Ob es um Ausbildung, Arbeit oder Hausarbeit geht – zu viel ist ungesund. Gönnen Sie sich einmal eine richtige Pause, tun Sie etwas, das Ihnen Spaß macht, machen Sie einen Ausflug. Eine Lücke in Ihrem Terminkalender läßt sich immer finden.

9. Bewegen Sie sich. Ausgleichssport entspannt Ihre Seele, läßt Sie besser schlafen und besser aussehen und gibt Ihnen das hochbefriedigende Gefühl, richtig fit zu sein. Am besten ist es, wenn Sie Ihren Ausgleichssport in Ihren normalen Tagesablauf einbauen. Neuere medizinische Forschungen haben gezeigt, daß regelmäßige Bewegung zu biochemischen Veränderungen im Gehirn führen kann, die Depressionen entgegenwirken.

10. Bekennen und lassen Sie sündige Verhaltensweisen und Gedanken. Denken Sie biblisch, wie ein rechter Christ – und dann handeln Sie entsprechend. Hören Sie auf mit den ständigen Ausreden und fangen Sie an, sich zu ändern.

11. Setzen Sie die richtigen Prioritäten. Setzen Sie Gott an die erste Stelle, und nicht sich selber. Hören Sie auf, sich einzubilden, daß alles sich um Sie und Ihre Probleme drehen muß. Aus der Perspektive der Bibel haben Sie strenggenommen eigentlich gar keine Probleme, sondern lauter Gelegenheiten, Ihrem himmlischen Vater zu vertrauen und sein Wirken zu erleben.

12. Kümmern Sie sich um die Probleme eines anderen Menschen. Schauen Sie einmal weg von sich selber und überlegen Sie, was die *anderen* brauchen. Wenn Sie selber zum Missionsfeld werden, können Sie kein Missionar mehr sein. Bedenken Sie, daß Jesus Christus Ihnen doch längst aufgetragen hat, hinaus zu den anderen zu gehen. Christuszentriertes Denken kreist nicht ständig um sich selber. Wahrhaft positives christliches Denken ist gottbewußt und nicht problembewußt.

Nicht vergessen: Das Gegenteil von Depression ist Freude. Die Bibel sagt uns, daß Freude eine Frucht des Heiligen Geistes ist (Galater 5,22). Die Therapie für Depressionen, die keine körperliche Ursache haben, liegt daher im geistlichen Bereich. Der Depressive ist das Opfer seiner Gefühle geworden. Die Depressionen kommen ja, wenn wir uns verletzt oder vernachlässigt fühlen. Aber Gott ist größer als unsere Gefühle. Er ist die Quelle wahrer Freude. Lassen wir ihn die Leere in uns füllen und uns die Freude der Erlösten wiedergeben. »Ein fröhliches Herz tut dem Leibe wohl ...« (Sprüche 17,22).

Was mache ich mit meiner Schuld?

Wir können die Depression nicht völlig überwinden, solange wir nicht das Problem der Schuld hinreichend angegangen sind. Schuld entspringt aus einem geplagten Gewissen. Sie ist eine Selbstverurteilung, die darauf beruht, daß man ein persönliches Fehlverhalten einsieht. Sie kann zur Reue führen – oder auch nicht. Es gibt Menschen, die ihre Schuld erfolgreich verdrängen. Die Bibel sagt uns, daß ihr Gewissen gebrandmarkt ist (1. Timotheus 4,2), und sie zeigen selten Reue für das, was sie tun.

Jede Sünde verursacht im Sünder zunächst ein schlechtes Gewissen. Wenn die Schuld schwer auf unserer Seele lastet, treibt sie uns zu Gott und seiner Vergebung. Wenn wir jedoch diese Vergebung nicht bekommen oder in unserer Sünde beharren, kann es geschehen, daß wir unser Gewissen abtöten und unsere Schuld nicht mehr spüren. Aber vor Gott sind wir immer noch schuldig! Ein Mörder, der keinerlei Reue über seine Tat verspürt, muß doch die Strafe tragen. Ob wir unwissentlich oder mutwillig sündigen, wir sind vor Gottes Gesetz schuldig (Römer 2,12).

Die psychologischen Folgen der Schuld

Jeder von uns weiß, was Schuld ist. Aber mit ihr umgehen tun wir auf ganz verschiedene Weisen.

Schuld ist ein zentraler Faktor bei psychologischen Problemen. Oft reagieren wir auf Schuld mit *Abwehrmechanismen* – Verdrängung, Abwälzen auf andere, Sublimierung, Selbstrechtfertigung usw. All dies sind Methoden, die die Menschen ganz instinktiv benutzen, um der Schuld auf der psychologischen Ebene zu begegnen. Denn ein schlechtes Gewissen führt zur Selbstverurteilung in Form von Angst- und Minderwertigkeitsgefühlen, Sorgen und Pessimismus. Unbewältigt führen diese Dinge zu psychologischen Tarnungs- und Ablenkungsstrategien wie dem Sich-Zurückziehen von anderen oder Drogenmißbrauch und letztlich zur Depression.

Alle Schuld ist »echte« Schuld. Nach der biblischen Definition ist jemand dann schuldig, wenn er Gottes Gesetz gebrochen hat (Römer 3,19), und sobald er seine Sünden bekennt, werden diese Sünden (und seine Schuld) von ihm abgewaschen (1. Johannes 1,9). Von der Schuld an sich zu unterscheiden sind die *Schuldgefühle*. Jemand kann eine Sünde begangen haben und sich nicht schuldig fühlen – oder Schuldgefühle wegen etwas haben, das gar nicht sündig ist. Schuldgefühle, die auf einer Art chronischem Minderwertigkeitsgefühl gegenüber Gott basieren, werden manchmal auch als »falsche Schuld« bezeichnet. Der den Schuldgefühlen zugrunde liegende Maßstab (zum Beispiel ein unerreichbarer Perfektionismus) ist falsch, ja nicht legitim, aber unsere Verletzungen dieses Maßstabs führen zu sehr realen Schuldgefühlen. Zur Behandlung solcher »falschen« Schuld genügt es nicht, daß wir unsere Schuldgefühle wegerklären; wir müssen unsere falschen Maßstäbe einsehen und korrigieren.

Da ist zum Beispiel jemand mit der Regel aufgewachsen, daß das Tragen von roten Socken sündig ist. Wenn er dieser Regel glaubt, aber trotzdem rote Socken trägt, wird er Schuldgefühle bekommen. Die Lösung besteht nicht darin, daß er diese Gefühle verdrängt, sondern daß er die Sockenregel kritisch hinterfragt. Die Schuldgefühle werden in dem Augenblick verschwinden, wo er sich darüber klar wird, daß seine Sockenregel falsch ist.

Der große moralische Konflikt

Das Thema »Schuld« ist das Gebiet, wo sich christliche Theologie und säkulare Psychologie in ihrem größten Konflikt befinden. Wenn es keinen Gott gibt und mithin keine göttlichen Verhaltensnormen, dann gibt es auch keine echte Schuld; dann ist alle Schuld »falsche«, aus einem fehlerhaften Wertesystem entspringende Schuld. Schuld entsteht dann durch das Verletzen allgemein akzeptierter kultureller Normen und nicht durch den Verstoß gegen universale Prinzipien. Wenn wir in einer Kultur lebten, in der Mord, Kannibalismus, Vergewaltigung, Ehebruch, Inzest und Stehlen akzeptable Verhaltensweisen sind, würde niemand, der diese Dinge tut, sich »schuldig« fühlen – so wird es jedenfalls manchmal behauptet.

Für den Christen ist dies keine Option! Wir glauben, daß echte Schuld aus sündigen Handlungen erwächst, die nur Gott wirklich vergeben kann. Nicht selten empfindet ein Verbrecher nachträglich Schuld über eine Tat, die er zunächst für völlig berechtigt hielt.

Die beiden Schuldarten

Objektive Schuld. Objektive Schuld ist persönliche Schuld, die aus dem Verletzen eines objektiven (gesetzlichen, sozialen, persönlichen oder göttlichen) Maßstabs entspringt. Die Verletzung bürgerlicher Gesetze oder gesellschaftlicher oder eigener persönlicher Normen, aber auch der Gesetze Gottes führt zu objektiver Schuld. Zur Bewältigung von objektiver Schuld gehört, daß ich mich der Legitimität des Maßstabs, der mich da verurteilt, stelle. Echte Schuld soll uns nach Gottes Willen zu Buße und Veränderung führen – und mit seiner Hilfe ist dies auch möglich.

Subjektive Schuld. Subjektive Schuld ist das Gefühl der Reue, der Scham oder der Verurteilung, das wir erfahren, wenn wir glauben, unrecht gehandelt zu haben. Diese Schuldgefühle können uns dazu bringen, uns unserer Sünde zu stellen. Aber manchmal stehen unsere Schuldgefühle in keinem vernünftigen Verhältnis zu unserer Sünde. Subjektive Schuld ist ein fehlbares, manchmal geradezu irrationales Urteil, das wir über uns selber sprechen. Sie ist eine Selbstverdammung, die zum Gefühl der Wertlosigkeit und zu Depressionen führt. Subjektive Schuld variiert je nach unserer momentanen Selbsteinschätzung und unserem Verhalten. Der Maßstab, auf dem sie gründet, ist fehlbar und nicht objektiv.

Schuld bewältigen. Für die Schuldbewältigung kennt die Bibel zwei klare Prinzipien: Buße und Sündenbekenntnis. Buße (griech. *metanoia*) ist ein innerer Entschluß, der zu einem Willensakt führt. Wir tun etwas gegen unsere Sünde, wenn wir unser Denken über sie ändern. Es hat noch nie jemand seine Sünde echt bereut und dann weitergesündigt, als sei nichts geschehen.

Das griechische Wort für »Bekennen« (*homologeo*) bedeutet wörtlich »dasselbe sagen« bzw. »zustimmen«. Wenn wir unsere Sünde bekennen, erklären wir nicht einfach: »Ich habe gesündigt«, sondern wir erkennen an, daß Gottes Urteil über diese Sünde gerecht ist. Die Bibel verheißt uns: »Wenn wir aber unsre Sünden bekennen, so ist er treu und gerecht, daß er uns die Sünden vergibt und reinigt uns von aller Ungerechtigkeit« (1. Johannes 1,9).

Der *Weg* zur Schuldbewältigung geht also über die Buße, und die *Methode* ist das Bekennen unserer Sünden. Das *Ziel* ist Freiheit von der anklagenden Stimme des Gewissens. Echte Buße und Sündenbekenntnis führen zu einem reinen Gewissen, das die schuldbeladene Seele heilt. Ohne Reinigung des Gewissens gibt es keine Bereinigung der Schuld. Wer sich weigert, seine Sünde zu bekennen und zu bereuen, der bleibt in dieser Sünde. Er kann sich hundertmal einbilden, daß doch alles in Ordnung sei – solange er sich nicht seiner Sünde stellt und etwas gegen sie unternimmt, wird er nie frei werden von seiner Schuld.

1. Geben Sie etwaige verborgene Sünden, die an der Wurzel Ihrer Schuld liegen, zu. Nennen Sie die falschen Einstellungen und Handlungsweisen, die Ihre Seele mit Schuld durchsetzen, mit Namen. Seien Sie völlig ehrlich vor Gott. Er weiß ja schon längst, was Sie getan haben, denn »der HERR erforscht alle Herzen und versteht alles Dichten und Trachten der Gedanken« (1. Chronik 28,9). Bitten Sie den Geist Gottes, Ihnen die Bereiche Ihres Lebens zu zeigen, die Gott nicht gefallen.

2. Stellen Sie sich ohne Wenn und Aber der Sünde, die Ihr schlechtes Gewissen füttert. Machen Sie reinen Tisch mit Gott. Belassen Sie es nicht damit, zuzugeben, daß Sie versagt haben; machen Sie einen richtigen Neuanfang. Stellen Sie sich Ihrer Sünde, bekennen Sie sie, korrigieren Sie sie und dann vergessen Sie sie. Machen Sie Schluß mit allen minderwertigen, irrationalen oder unbiblischen Meßlatten, mit denen Sie sich selber geplagt haben und die Ihnen nur schmerzliche »falsche« Schuldgefühle eingebracht haben.

3. Legen Sie ein vollständiges Bekenntnis Ihrer Sünden ab. Gestehen Sie Gott den ganzen Ernst Ihrer Sünde ein. Hören Sie auf mit Ihren Entschuldigungen und übernehmen Sie die volle Verantwortung für das, was Sie getan haben. Zwei Gütezeichen eines echten Sündenbekenntnisses sind *Traurigkeit* nach Gottes Willen und eine *Reue,* die einen nicht reut (2. Korinther 7,10).

4. Treffen Sie Vorkehrungen gegen erneutes Sündigen. Betrachten Sie Ihre Sünde als etwas, das unklug und sinnlos ist. Sprüche 8,36 erinnert uns: »Doch wer mich verfehlt, der schadet sich selbst« (Einheitsübers.). Wenn Sie heute die Sünde besiegen, wird morgen ein besserer Tag werden. Leben Sie, um Gott zu verherrlichen, und nicht, um Ihre eigenen Wünsche zu befriedigen. Die Korrektur Ihrer Sünden wird Gott Ehre und Ihren Mitmenschen Ermutigung bringen. Nehmen Sie sich fest vor, zu siegen.

> Wir sind alle schuldig vor Gott. Aber er, der uns am besten kennt, ist bereit, zu vergeben und zu vergessen und uns eine neue Chance zu geben.

Die Vergebung annehmen

Die Bibel versichert uns, daß nur eine einzige Sünde nicht vergeben werden kann: die Lästerung gegen den Heiligen Geist (Matthäus 12,31-32). Alle anderen Sünden können also vergeben werden! Was Sie auch getan haben, es ist nicht zu schlimm für Gottes Gnade. Wir müssen lernen, Gottes Vergebungsangebot ernst zu nehmen. Jesus hat immer wieder betont, daß er gekommen ist, um die Sünder zu retten und nicht, um sie zu verurteilen (Johannes 3,17). Wer sich selber verurteilt, der lehnt Gottes Angebot der Gnade und Reinigung und damit die einzige wirkliche Lösung seines Schuldproblems ab.

Unsere Erlösung geschieht in einem Augenblick, aber mit ihr beginnt ein lebenslanger Prozeß. Unsere Bekehrung erfolgt im Bruchteil einer Sekunde, aber das darauf folgende geistliche Wachsen dauert ein Leben lang, und es gehört zu diesem Prozeß dazu, daß wir lernen, mit unserem Versagen und der daraus folgenden Schuld umzugehen. Niemand ist vollkommen. Wir sind alle schuldig vor Gott. Aber er, der uns am besten kennt, ist bereit, zu vergeben und zu vergessen und uns eine neue Chance zu geben.

Die größte Angst im Leben

Eine der Hauptursachen von Depressionen ist der Tod – unser eigener oder der eines unserer Lieben. Das Verlusterlebnis im Angesicht des Todes kann so überwältigend sein, daß seine Auswirkungen noch lange, nachdem unser Freund oder Verwandter von uns gegangen ist, andauern.

Wir haben eine natürliche Angst vor dem Unbekannten, und oft fürchten die Menschen den Tod mehr als alles andere. Meistens haben wir mehr Angst vor dem Tod unserer Lieben als sie selber. Es fällt uns schwer, auch nur über ihn zu reden. Manche Menschen haben Angst davor, daß ein Eingehen auf die Realität des Todes sie nur daran erinnern wird, daß sie ja auch einmal sterben müssen, und so versuchen sie, das Thema ganz auszublenden. Aber gerade durch dieses Verdrängen umgeben wir den Tod mit einem solchen Schrecken vor dem Unbekannten, daß wir erst recht Schwierigkeiten bekommen, mit ihm umzugehen.

Der Umgang mit dem Tod ist durch fünf deutlich unterschiedene Phasen gekennzeichnet:

1. Schock/ Verdrängung,
2. Wut,
3. »Verhandeln«,
4. Depression,
5. Annahme.

Phase 1: Schock oder Verdrängung. In diesem Stadium weigert man sich häufig, mit der Möglichkeit des eigenen Todes zu rechnen. Wiederholte Besuche bei verschiedenen Ärzten, immer neue Diagnosen (vielleicht fällt die nächste besser aus ...), die Weigerung, sich auf die übliche Therapie einzulassen – all dies ist symptomatisch für die Verdrängungsphase. Andere Menschen flüchten sich in frenetische Aktivität, mit Überstunden oder endlosen ehrenamtlichen Einsätzen. Ich kann doch gar nicht todkrank sein, schaut doch, wie aktiv ich bin ...

Phase 2: Wut. Funktioniert die Verdrängung nicht mehr, kommt es zu intensiven Gefühlen der Einsamkeit, der Schuld, der Sinnlosigkeit und einer sehr realen Trauer. Die Folge ist Wut – eine sehr konkrete, sichtbare Wut. Viele Todkranke bekommen richtige Wutausbrüche gegen ihren

Arzt, ihren Ehepartner, die Verwandten und Nachbarn, ja gegen Gott.

Phase 3: »Verhandeln«. Dies ist der letzte Versuch, der mittlerweile überwältigenden Realität des nahenden Todes zu entkommen. Große Spenden an gemeinnützige Organisationen, hohe und heilige Versprechen, sein Leben zu ändern, und ganze Listen von Vorsätzen sind typisch für diese Phase. Wie lange sie andauert, hängt davon ab, wieviel Erfindungsreichtum und Energie der Patient in seinem Kampf gegen die Realität des Todes aufbringt.

Phase 4: Depression. Der Energieschub der Verhandlungsphase ist vorbei, die Unausweichlichkeit des Todes wird langsam, aber unerbittlich zur schwarzen Realität. Der Beistand durch Freunde ist in dieser Phase besonders wichtig. Kontakte zu Menschen, die gerade das gleiche durchmachen, Teilnahme an Hilfsgruppen, kompetente Seelsorge – all dies kann die Verzweiflung in dieser vierten Phase vermindern, in der es ja darum geht, endlich Schluß zu machen mit den fruchtlosen Versuchen, den Zeiger der Uhr zurückzustellen auf eine Zeit, als der Tod noch nicht so real war. An diesem Punkt läßt die säkulare Beratung den Betroffenen so furchtbar im Stich.

Phase 5: Annahme. Für den Nichtchristen ist dies lediglich der Rückzug in eine Festung des »Ich schaffe das schon«, der aus der herben Realität der vergangenen Monate ein kleines Stückchen Sinn herauszuholen versucht. Für den Christen dagegen bringt das Annehmen des nahenden Todes eine neue Vergewisserung der Tatsache, daß der Tod ja eigentlich nur ein Übergang ist, gleichsam ein Umzug von der Adresse des irdischen Leibes zu dem ewigen Leben im Himmel. Dem Christen, der vor seinem Tod steht, bietet die Bibel eine Botschaft der Hoffnung und Ermutigung.

Die Realität des Todes annehmen

Die Bibel stellt klar, daß es »den Menschen bestimmt ist, *einmal* zu sterben« (Hebräer 9,27). Der Tod ist unausweichlich, ja er ist ein Feind, den man fürchten muß. Die Bibel spricht vom »Stachel des Todes« (1. Korinther 15,56); das griechische Wort *kentron* meint wörtlich den Stachel eines Skorpions. Der Tod ist nicht etwas, das man einfach hinnimmt. Das Alte Testament sagt uns, daß die Menschen nicht sterben wollen, weil Gott »die Ewigkeit in ihr Herz gelegt« hat (Prediger 3,11).

Der Mensch hat eine angeborene Sehnsucht nach dem Ewigen, die von dem irdischen Leben nie ganz gestillt werden kann. Von dem Augenblick unserer Geburt an wollen wir ewig leben. Wir wollen das Geheimnis des ewigen Lebens erkennen, weil wir als nach Gottes Ebenbild geschaffene Wesen die Realität des Lebens nach dem Tod spüren.

Leben nach dem Tod

Die Bibel lehrt eindeutig, daß es ein Leben nach dem Tod gibt, für die Erlösten wie für die Unerlösten. Dem wiedergeborenen Christen verheißt die Bibel, daß der, der »den Leib verlassen« hat, »daheim« ist »bei dem Herrn« (2. Korinther 5,8). Den unerlösten Menschen warnt sie: »Und viele, die unter der Erde schlafen liegen, werden aufwachen, die einen zum ewigen Leben, die andern zu ewiger Schmach und Schande« (Daniel 12,2).

Die Bibel betont, daß der körperliche Tod nicht das Ende unserer Existenz ist. Wir werden vielmehr in eine bewußte Ewigkeit eingehen, in der es Himmel und Hölle gibt. Hier und jetzt, in unserem irdischen Leben, treffen wir die große Entscheidung zwischen der seligen Ewigkeit bei Gott und der Verdammnis zur ewigen Gottferne.

Manchmal haben wir Angst vor dem Tod, weil wir unseren Blick von der Ewigkeit zur Zeitlichkeit abschweifen lassen. Wenn Sie Ihr ganzes Leben damit verbringen, für die Dinge dieser Welt zu leben, werden Sie einmal sehr enttäuscht sein, denn das wahre Leben besteht nicht aus den Dingen, die jemand um sich herum anhäuft. Wirkliches Leben ist eine dynamische Gemeinschaft mit dem lebendigen Gott. Wenn wir unseren inneren Blick auf die Ewigkeit geheftet halten, haben wir jeden Grund zur Hoffnung und Freude.

Der Apostel Paulus schreibt:

»Siehe, ich sage euch ein Geheimnis: Wir werden nicht alle entschlafen [sterben], wir werden aber alle verwandelt werden; und das plötzlich, in einem Augenblick, zur Zeit der letzten Posaune. Denn es wird die Posaune erschallen, und die Toten werden auferstehen unverweslich, und wir werden verwandelt werden. Denn dies Verwesliche muß anziehen die Unverweslichkeit, und dies Sterbliche muß anziehen die Unsterblichkeit« (1. Korinther 15,51-53).

Die Auferstehungshoffnung

Christen sehen den Tod völlig anders als Nichtchristen, denn sie allein wissen um den, der den Tod besiegt hat. Der Tod ist »verschlungen« worden von der siegreichen Auferstehung Jesu Christi (1. Korinther 15,54), so daß der Apostel fragen kann: »Tod, wo ist dein Stachel? Hölle, wo ist dein Sieg?« (1. Korinther 15,55). Die Realität des Todes ist für uns alle noch da, aber der Stachel ist fort.

Dieser Triumph über den Tod ist möglich, weil Christus für uns auferstanden ist. »Asche zu Asche, Staub zu Staub« – dies gilt nur vorübergehend, es ist nicht das letzte Wort! Die Bibel erklärt uns, daß, wenn auch unser Leib zu Staub zerfällt, unsere Seele ewig leben wird und daß wir am Tage des Gerichts vor Gott stehen werden, um zu ihm in den Himmel zu gehen.

Für den Christen ist der Tod nicht etwas, das er fürchten muß, sondern die Tür hinein in ewige Freude und Segen.

Diese Auferstehungshoffnung ist der Grund, warum Paulus so triumphierend sagen kann: »Christus ist mein Leben, und Sterben ist mein Gewinn« (Philipper 1,21). Für den Apostel war jeder Tag eine neue, spannende Begegnung mit dem auferstandenen Christus und der Tod die Tür, die ihn für immer in die Gegenwart des Heilands führte. Und so hatte Paulus weder Angst vor dem Leben mit all seinen Widrigkeiten noch vor dem Tod mit all seiner Ungewißheit. Für den Christen ist der Tod nicht etwas, das er fürchten muß, sondern die Tür hinein in ewige Freude und Segen.

Ewiges Leben

Für den unerlösten Menschen ist der Tod die endgültige Niederlage des menschlichen Geistes. Von unserer Geburt an kommt er auf uns zu; wir werden geboren, um zu sterben. Leben – das ist das, was zwischen Geburt und Tod geschieht. Einige haben es den »Gedankenstrich« zwischen den Jahreszahlen auf dem Grabstein genannt. Dieser Gedankenstrich – das wird einmal mein ganzes Leben gewesen sein ...

Doch für den Christen, der den ewigen Gott kennt, ist der Tod nur ein Tapetenwechsel. Die Bibel sagt: »Wer den Sohn hat, der hat das Leben« (1. Johannes 5,12). Sie brauchen nicht erst zu sterben und zum Himmel zu gehen, um ewiges Leben zu bekommen. In dem Augenblick Ihrer Bekehrung sind Sie ein »Teilhaber der göttlichen Natur« geworden (2. Petrus 1,4 Elbf.). Sie haben jetzt schon das ewige Leben! Leben Sie danach?

Sie können sich erheben über die elende Angst vor dem Älterwerden und Sterben, indem Sie erkennen, daß der ewige Gott ja in Ihrer Seele lebt. Als Sie wiedergeboren wurden (1. Petrus 1,23), ist die Ewigkeit Gottes in Ihr Leben hineingekommen. Sie werden so lange leben wie Gott selber. Sie haben also keinen Grund mehr, Angst vor dem Tod zu haben; das ewige Leben ist ja schon in Ihnen! Was brauchen wir noch den Stachel des Todes zu fürchten? Gott hat uns erlöst; wir werden ewig leben!

Die größte Freude im Leben ist, dem ewigen Gott zu dienen, dem Bräutigam unserer Seele. Die größte Erfüllung, die wir je finden können, kommt daraus, für ihn zu leben und uns in seinen ewigen Plan und sein Ziel für unser Leben hineinnehmen zu lassen. Was Gott schon längst besiegt hat, davor brauchen wir keine Angst mehr zu haben. Wo ist der Stachel des Todes? Er ist zerbrochen im Tod Jesu Christi, der für jeden, der ihm als seinem persönlichen Heiland vertraut, den Tod abgeschafft hat.

Kapitel 5

Wie stehe ich auf, wenn ich ganz unten bin?

Mit langsamen Bewegungen verstaute Tom seine persönlichen Sachen in den Kartons, die in seinem ehemaligen Büro standen. Nach all den Jahren gekündigt – er konnte es nicht fassen.

»Naja, so was kommt vor«, sagte er Bill. »Aber ich hätte nie gedacht, daß das *mir* passiert ...«

»Ich hatte dich ja gewarnt«, antwortete Bill. »Du hast den Job nicht mehr richtig gepackt. Ich habe dir gesagt, daß diese Abmahnungen nichts Gutes bedeuten, aber du wolltest nicht auf mich hören.«

Fehlschläge gehören zu unserem Leben dazu. Jeder erlebt sie früher oder später, und wir müssen lernen, mit ihnen umzugehen, denn wenn wir dies nicht tun, werden wir nur bitter und scheitern prompt das nächste Mal. Wir Menschen sind so verdrahtet, daß wir dann, wenn uns etwas mißlungen ist, sofort nach einem Sündenbock suchen. Als Adam im Garten Eden sündigte, gab er prompt Gott und Eva die Schuld daran (1. Mose 3,12). Als Saul Gott ungehorsam wurde, schob er seine Sünde auf das Volk Israel (1. Samuel 15,20-22).

Die Bibel ist voll von Beispielen für menschliches Versagen. Adam zog die ganze Menschheit mit unter Gottes Gericht – aber er war auch der erste, der gerettet wurde. Abraham war ein Lügner und Ehebrecher und lachte Gott ins Gesicht, aber wir kennen ihn als Vater der Gläubigen. Jakob hat immer wieder andere Menschen betrogen, aber er wurde der Vater der zwölf Stämme Israels. Mose hat das Gelobte Land nie gesehen, aber er war der größte Führer in der Geschichte Israels. Aaron ließ sich zum Götzendienst verführen, aber er wurde Gottes Hoherpriester. Simson fiel in Delilas Schliche, aber er war der größte Krieger Israels. David war ein Ehebrecher und Mörder, und doch Israels größter König. Petrus verleugnete seinen Herrn energisch, aber beim Pfingstfest war er Gottes Sprecher.

Hoffnung mitten im Zerbruch

Der erste Schlüssel dazu, durch Versagen zu wachsen, besteht in der Erkenntnis, daß Gott größer ist als unsere Fehler. Zweitens ist Versagen etwas Allgemein-Menschliches. Gott will, daß wir aus unseren Niederlagen lernen. Vor allem müssen wir lernen, wie wir es vermeiden, denselben Fehler noch einmal zu begehen. Wir müssen uns unseren Schwächen stellen. Wir müssen ändern, was wir ändern können, verbessern, was wir verbessern können.

Wenn Sie in einem bestimmten Bereich Ihres Lebens einfach auf keinen grünen Zweig kommen, kann das auch ein Hinweis darauf sein, daß Gott nicht will, daß Sie sich in diesem Bereich betätigen. Wenn Sie zum Beispiel von einer Karriere als Profi-Fußballer träumen, sich aber keine Tür für Sie öffnen will, ist dies wahrscheinlich nicht Gottes Berufung für Ihr Leben. Oder Sie würden gerne Opernsänger werden, aber Ihre Stimme reicht einfach nicht. Wenn Sie Ihre Ziele nicht erreichen, muß das nicht heißen, daß Sie halt ein Versager sind; es kann auch heißen, daß Gott etwas anderes mit Ihnen vorhat.

Aber geben Sie nicht gleich beim allerersten Mißerfolg frustriert auf! Es könnte sein, daß mit etwas Beharrlichkeit der Erfolg doch noch kommt.

Wie definieren Sie »Erfolg«?

Um das Problem des Versagens angehen zu können, müssen wir mit einer Frage über den Erfolg beginnen: Will Gott überhaupt, daß wir im Leben Erfolg haben? In gewissen frommen Kreisen hört man manchmal: »Der Herr will doch gar nicht, daß wir Erfolg haben. Gerade in unserem Versagen können wir Gott ehren. Je mehr bei uns schiefgeht, um so geistlicher können wir werden.« Und dann gibt es natürlich die, die auf Erfolg um jeden Preis bestehen. Ihre Haltung ist: »Tu alles, was du tun mußt, um Erfolg zu haben, ob es biblisch ist oder nicht. Gott will, daß seine Kinder Erfolg haben; noch mehr Versager kann er nicht brauchen.«

Aber wie definiert denn die Bibel Erfolg? Lesen Sie Josua 1,8: »Und laß das Buch dieses Gesetzes nicht von deinem Munde kommen, sondern betrachte es Tag und Nacht, daß du hältst und tust in allen Dingen nach dem, was darin geschrieben steht. Dann wird es dir auf deinen Wegen gelingen, und du wirst es recht ausrichten.« Nach dieser Definition heißt Erfolg *den Willen Gottes tun*. Wir mögen uns einbilden, daß Gott sich über bestimmte Dinge, die wir tun, automatisch freut, aber so funktioniert das nicht. Wenn das, was wir tun, nach Gottes Willen sein soll, dann müssen wir es nach seinem Wort ausrichten.

Nach manchen Maßstäben war Abraham ein kompletter Versager. Er verließ Ur, die größte Stadt seiner Zeit, um im fernen Kanaan unbeachtet von der großen Welt zu leben und zu sterben. Aber er war einer der berühmtesten Männer, die je lebten. Mose führte die hebräischen Sklaven aus der Hochkultur Ägyptens in die Wüste hinaus und betrat selber nie das Gelobte Land. Nach unseren modernen Begriffen starb er als Versager, aber er war einer der größten Gottesmänner. Christus starb an einem Kreuz – aber durch diesen Tod errang er einen ewigen Sieg für uns, denn er sühnte mit ihm die Sünden der Welt.

Jesus spricht über Versagen und Erfolg in dem bekannten Gleichnis vom Pharisäer und Zöllner (Lukas 18,9-14).

Ein Pharisäer und ein Zöllner gehen in den Tempel, um zu beten. Der Pharisäer brüstet sich damit, daß er Gott nie enttäuscht hat, der Zöllner kann nur gesenkten Hauptes dastehen und beten: »Gott, sei mir Sünder gnädig!« Jesus kommentiert: »Dieser [der Zöllner] ging gerechtfertigt hinab in sein Haus, nicht jener [der Pharisäer].« Der Mann, der so erfolgreich zu sein schien, war ein geistlicher Versager, und der Versager war der eigentlich Erfolgreiche. Gott sucht den Demütigen, nicht den Fähigen.

Der Mensch, der versagt hat, wählt gewöhnlich unter zwei Reaktionen. Entweder er *bekennt* und bereut sein Versagen vor Gott und läßt sich von Gott wieder auf die Füße stellen, oder er sucht nach *Ausreden* für sein Versagen. Im ersten Fall kann er wieder aufstehen und letztlich aus dem Minus ein Plus machen, im letzteren Fall versäumt er es, sich ehrlich seinem Versagen zu stellen; die Probleme, die zu dem Versagen führten, bleiben ungelöst, es kommt nie zur Wende im Leben. Gott will nicht nur, daß wir unser Versagen bekennen und unter die Füße bekommen, er will, daß wir Ihm dienen und so echten Erfolg ernten.

Der Versagerfaktor

Es gibt so etwas wie eine »Versagensorientiertheit«. Das sind Menschen, die immer nur auf ihre Fehler starren und so nicht nur ihr Selbstvertrauen lädieren, sondern letztlich auch ihr Gottvertrauen. Solch eine Versagensorientiertheit entspringt aus zwei Quellen:

1. Wie wir meinen, auf die anderen zu wirken. Der Versagensorientierte entwickelt eine hochsensible Antenne für negatives Feedback von anderen Menschen, während er positive Rückmeldungen gar nicht wahrnimmt oder herunterspielt. Leider neigen wir oft dazu, die Art, wie unsere Mitmenschen auf uns reagieren, nur zum Teil wahrzunehmen – und berauben uns so wichtiger Informationen. Wir brauchen das Feedback der anderen, um unser Wertesystem und unser Ich-Bild aufzubauen und unser eigenes Verhalten besser zu verstehen.

Manche versagensorientierte Menschen können nicht richtig zwischen Negativreaktionen auf ihre Person und Negativreaktionen, die lediglich ihr Verhalten betreffen, unterscheiden. Gerade diese Unterscheidung ist jedoch sehr wichtig. Das mit einem negativen Feedback auf mein Verhalten verbundene »Versagen« ist gewöhnlich nur kurzlebig und läßt sich leicht bewältigen, und wir sollten es nicht mit einer negativen Bewertung unserer Persönlichkeit oder Integrität verwechseln.

Als Christen können wir versagen, aber wir sind keine »Versager«. Egal, was andere über uns denken, wir »überwinden weit durch den, der uns geliebt hat« (Römer 8,37). Es wird immer wieder vorkommen, daß unsere Mitmenschen uns loben (oder verspotten), aber wir dürfen nie unsere wahre Identität und unser eigentliches Ziel in dem Treibsand des Sichbeweisens vor den anderen verlieren. Die Bibel sagt sehr klar, mit was für einer Einstellung wir unsere Ziele im Leben verfolgen sollten: »Alles, was ihr tut, das tut von Herzen als dem Herrn und nicht den Menschen ... Ihr dient dem Herrn Christus!« (Kolosser 3,23-24).

2. Wie wir uns selber sehen. Versagensorientierte Menschen haben oft überzogene, unrealistische, ja perfektionistische Erwartungen an sich selber. Wenn man sie bittet, ihre Leistungen auf einer Skala von 1 bis 10 einzuordnen, geben sie sich höchstens 5 Punkte. Sie sehen ihre Leistung auch dann kritisch, wenn sie nach allen objektiven Maßstäben weit überdurchschnittlich ist. Diese Menschen klassifizieren sich nach einer Schwarzweißmentalität kategorisch entweder als totale Könner oder totale Versager – meistens das letztere.

Solch ein Versagerdenken wirkt oft lähmend. Diese Menschen werden übervorsichtig und schüchtern und haben Angst vor Risiken, die selbst nach ihrem eigenen Urteil eigentlich ohne weiteres akzeptabel sind. Sie brauchen eine Vergleichsgruppe aus anderen, etwa gleich fähigen Menschen, mit denen sie sich identifizieren können, ohne sich eingeschüchtert oder gelangweilt vorzukommen.

Wie man Versagensorientiertheit überwindet

Wie können wir solche Versagensorientiertheit überwinden? Hier einige Vorschläge:

1. Untersuchen und verstehen Sie Ihr versagensorientiertes Denken. Eine Analyse des negativen Denkens und der Versagergefühle in uns kann uns helfen, die Bereiche oder Aspekte unseres Lebens herauszufinden, in denen sie auftreten. Wir müssen versuchen, diese Bereiche so genau wie möglich zu umreißen und unser Denken auf unbiblische oder irrationale Vorstellungen abzuklopfen, die unser von Gott gegebenes Selbstwertgefühl untergraben.

Meistens kann man seine Versagensorientierung auf diverse Fehlschläge und auf falsche Vorstellungen über sich selber, seine Freunde, Eltern, Geschwister, Beruf, Gemeinde oder Schule zurückverfolgen. Wir müssen es lernen, die Welt nicht mehr durch unseren »Versagerfilter« zu betrachten, sondern die Situationen aus einer biblischen Perspektive zu verstehen und anzugehen. Eine mögliche Methode ist, sich alle irrationalen oder unbiblischen Vorstellungen, die man bei sich findet, aufzuschreiben und daneben jeweils eine Bibelstelle zu schreiben, die die Versagerperspektive widerlegt.

2. Suchen Sie sich Ziele aus, die Ihr Selbstbild heben. Fangen Sie am besten in einem Bereich an, wo Sie ein brauchbares Maß an Selbstbewußtsein haben. Ein erfolgsorientiertes Ich-Bild wirkt ansteckend auf unsere ganze Pesönlichkeit. Wenn wir fähig werden, Ziele zu formulieren, und anfangen, sie zu erreichen, beginnt der Glaube, daß »ich alles vermag durch den, der mir Kraft gibt, Jesus Christus« greifbare Realität in unserer Erfahrung anzunehmen. Von den ersten Erfolgen auf einem Gebiet unseres Lebens wird sich diese neue, zuversichtliche Einstellung nach dem Schneeballprinzip auf andere persönliche oder berufliche Bereiche ausdehnen.

3. Teilen Sie die Ziele in mundgerechte Happen auf. Wenn wir uns ein Ziel vorgenommen haben, müssen wir als nächstes den Weg dorthin in eine Reihe kleiner Schritte aufteilen. Niemand kann mit einem Satz auf das Dach eines Hauses springen, aber mit einer Leiter kann er ohne Probleme Sprosse für Sprosse hinaufsteigen. Die Aufgliederung eines Zieles in eine Reihe kleinerer Teilziele macht unsere Aufgabe einfacher und erhöht unsere Erfolgschancen. Diese Teilziele sollten in einer logischen Reihenfolge angeordnet werden – erst die kürzeren bzw. leichteren, dann die längeren bzw. schwierigeren Schritte. Hier ist der weise Rat eines geistlich reifen Christen von unschätzbarem Wert, ob wir nun einen konkreten Rat oder nur eine allgemeine Aufmunterung brauchen.

4. Führen Sie einen Aktionsplan durch. Dies ist ein Versuch-und-Irrtum-Schritt, bei dem es vor allem darum geht, beharrlich zu sein, aber auch, die Kunst der Vorbereitung zu erlernen und stets lernfähig und flexibel zu bleiben. Eine eingefleischte versagensorientierte Einstellung ändert sich nicht über Nacht. Oft machen wir zwei Schritte nach vorne und gleich wieder einen zurück. Aber die Zeit ist auf unserer Seite, und das Ergebnis ist garantiert. Wir dürfen zuversichtlich sein, daß Gott sein Werk, das er in uns begonnen hat, auch »zu Ende führen wird, bis zu dem Tag, an dem Jesus Christus wiederkommt« (Philipper 1,6 Hoffnung für alle).

Mach aus Rückschlägen Erfolge

Viele Menschen kommen nie über ihre Niederlagen hinweg, weil sie es sich nicht vergeben können, daß sie versagt haben. Anstatt ihr Versagen hinter sich zu lassen, quälen sie sich mit immer neuen Schuldgefühlen.

1. Versagen ist menschlich. Alle Menschen versagen manchmal. Gott kennt unsere Grenzen genau: »Denn er weiß, was für ein Gebilde wir sind; er gedenkt daran, daß wir Staub sind« (Psalm 103,14). »Denn alle haben gesündigt und erlangen nicht die Herrlichkeit Gottes« (Römer 3,23 Elbf.). Der Erfolgreiche ist nicht der, der nie versagt, sondern der, der lernt, richtig mit seinem Versagen umzugehen.

2. Versagen macht nicht zum Versager. Wissenschaftliche Studien haben gezeigt, daß die erfolgreichsten Menschen oft versagen. Der legendäre Baseball-Star Babe Ruth heimste nicht nur jede Menge Punkte ein, er war auch ein Meister im Aus-sein. Viele Christen, die etliche Erfolge im Leben aufweisen können, sind viel zu schnell dabei, sich nach einer Panne selber zu Versagern abzustempeln.

3. Keiner ist ein Versager, solange er noch weiterkämpft. Es ist besser, sich viel vorzunehmen und hin und wieder dabei auf die Nase zu fallen, als nie eine Niederlage einzustecken, weil man nie gekämpft hat. Niemand kennt seine Grenzen, solange er nicht den Versagenspunkt erreicht hat. Thomas Edison, der Erfinder der Glühbirne, mußte über fünftausend Versuche machen, bis er endlich den richtigen Glühfaden gefunden hatte. Seine Bereitschaft, so viele Niederlagen einzustecken, ohne sich zum Versager zu stempeln, gab uns das elektrische Licht.

4. Unser Versagen ist nicht endgültig, solange wir nach dem Hinfallen immer wieder aufstehen. Viel schädlicher als Versagen ist Angst. Wenn Sie versagt haben, dann geben Sie das zu und machen Sie weiter. Vergeben Sie sich selber und lernen Sie, anderen zu vergeben. Lassen Sie sich nicht von der Vergangenheit bestimmen, sondern von der Zukunft. Konzentrieren Sie sich auf Ihre Ziele, nicht Ihre Niederlagen. Gehen Sie festen Schrittes weiter; ohne Risiko kein Sieg. »Gott hat uns nicht gegeben den Geist der Furcht, sondern der Kraft und der Liebe und der Besonnenheit« (2. Timotheus 1,7). Gott hat Ihnen ganz bestimmte Gaben und Fähigkeiten gegeben, mit denen Sie ihm dienen können. Sie mögen nicht alles tun können, aber Sie können etwas tun. Fangen Sie an – tun Sie es zu seiner Ehre!

Typen von Lebenskrisen

Die Scheidungskrise

In den USA enden jedes Jahr eine Million Ehen mit Scheidung. Jeden Tag müssen 2000 Teenager sich entscheiden, bei welchem Elternteil sie in Zukunft wohnen wollen. Obwohl vielen Großeltern die Scheidung ihrer Kinder sehr weh tut und die verbitterten Ehepartner sich oft solche Wunden schlagen, daß sie sich nie mehr ganz erholen, sind es die »Scheidungswaisen«, die am meisten unter diesem Konflikt, der ihr Verständnis übersteigt, leiden.

»Ich wollte nie eine Scheidung«, sagte Nancy. »Ich dachte nicht, daß es so schlimm war. Aber als Dave ging, da ging er ganz!«

Mit einemmal stand Nancy vor hundert Entscheidungen. Sie mußte die Sache den Kindern und ihren Eltern beibringen. Sie mußte sich nach einer Arbeitsstelle und einer billigeren Wohnung umsehen. Und es dämmerte ihr: Ihr Leben würde nie mehr so sein wie früher.

Neuere psychologische Studien zeigen die verheerenden Auswirkungen von Scheidungen auf die Kinder. Schmerz, Verwirrung, Entfremdung und Bitterkeit sind nur einige der tiefen Narben, die Scheidungswaisen davontragen. Millionen amerikanischer Kinder leben mit der harten Realität der Scheidung, weitere Millionen leben unter dem Damoklesschwert einer möglichen Trennung ihrer Eltern.

Sie fragen vielleicht: »Aber was ist mit dem Elend, das kommt, wenn man eine kaputte Ehe immer wieder zusammenflickt?« Nun, kaputte Ehen gibt es eigentlich nicht; es gibt nur Ehepartner, die sich schlecht benehmen. Die Ehe ist eine Partnerschaft, die auf einer Beziehung basiert, und wenn die Partnerschaft Schaden nimmt, dann deswegen, weil es bei einem oder beiden der Partner nicht mehr stimmt. Wo zwei Partner keine gesunde Beziehung mehr zueinander haben, leidet die Ehe.

Was die Bibel dazu sagt

Die Bibel spricht das Thema Ehe/Trennung/Scheidung sehr direkt an und beantwortet damit Lebensfragen, die zu den allerschwierigsten gehören: Wie verhalte ich mich nach einer Trennung? Ist Scheidung immer falsch? Wie ist es mit der Wiederheirat? Kann Gott mir eine Scheidung vergeben?

Die Ehe kommt von Gott. Die Bibel sagt sehr klar, daß er sie schon vor dem Sündenfall eingesetzt hat (1. Mose 2,20-25). Gott hat uns auch seinen Plan für die Ordnung in der Familie gezeigt (Epheser 5,22-33). Die Ehe als von Gott gegebener Stand ist auf Dauer angelegt. Jesus zitiert die Einsetzung der Ehe durch Gott und kommentiert: »Was nun Gott zusammengefügt hat, soll der Mensch nicht scheiden« (Markus 10,7-9). Gott will, daß unsere Ehen Bestand haben – aber dies ist nur möglich, wenn beide Partner dies wollen und daran arbeiten.

Die Scheidung ist eine Erfindung des Menschen, nicht Gottes. Nach Matthäus 19,8 hat er sie im Alten Testament erlaubt, »eures Herzens Härte wegen«. Wir finden die Bestimmung in 5. Mose 24,1-4. Manche Ausleger haben versucht, sie auf die Auflösung von (jüdischen) Verlobungen zu beschränken, doch der Kontext stellt klar, daß sie auch für die Auflösung einer bereits bestehenden Ehe gilt.

Im Gesetz des Mose war auch die Wiederverheiratung Geschiedener erlaubt (wenn auch nicht gerade gern gesehen). Ausdrücklich nicht erlaubt war die Wiederverheiratung mit dem geschiedenen Partner, selbst dann, wenn der zweite Partner inzwischen gestorben war (5. Mose 24,4). Gott gab diese Scheidungsregelung nicht, weil er für die Scheidung gewesen wäre, sondern weil hartherzige Menschen gegeneinander sündigten und ihr Ehegelöbnis brachen.

Jesus fand harte Worte für die Scheidung, weil die Juden seiner Zeit die Scheidungserlaubnis des Mose als Freibrief für Scheidungen aus beliebigem Grunde auslegten: »Wer sich von seiner Frau scheidet, es sei denn wegen Ehebruchs [griech. *porneia,* ›sexuelle Sünde‹], der macht, daß sie die Ehe bricht; und wer eine Geschiedene heiratet, der bricht die Ehe« (Matthäus 5,32). Doch bei aller Strenge bezüglich der Scheidung und dem oft aus ihr folgenden Ehebruch konnte Jesus auch der beim Ehebruch ertappten Frau (Johannes 8,1-11) und der fünfmal geschiedenen Ehebrecherin aus Samaria (Johannes 4,18) vergeben.

Gott hat die Ehe auf Dauer angelegt. Die Institution der Ehe ist seine Methode, eine sündige Gesellschaft zu stabilisieren. Nach wie vor ist die Familie die Keimzelle unserer Kultur, und wo die Familie leidet, leidet die ganze Gesellschaft und Kultur mit.

Gott will stabile Familien, und er hat uns in der Bibel alles an Richtlinien gegeben, was wir dazu brauchen. Er verheißt denen, die seine Gebote halten, Gnade und Gerechtigkeit »bis zu den Kindeskindern« (Psalm 103,17-18 Elbf.). Auch Ihre Ehe kann überleben. Steigen Sie nicht einfach aus, sagen Sie: »Ich will, daß es mit uns beiden klappt.«

Wenn es doch zur Trennung kommt

Das Ideal der Bibel wird klar formuliert in 1. Korinther 7,10-11: »Die Frau soll sich vom Mann nicht trennen ..., und der Mann darf die Frau nicht verstoßen« (Einheitsübers.). Trennungen sind schädlich und tun weh. Sie setzen beide Partner der Versuchung aus, und oft führen sie dazu, daß das Paar jede Hoffnung auf Bereinigung seiner Konflikte verliert. Doch es kommt vor, daß – zum Beispiel wegen körperlicher oder seelischer Mißhandlung – eine Trennung unausweichlich ist, und so heißt es im gleichen Bibelabschnitt: »Wenn sie sich aber trennt, so bleibe sie unverheiratet oder versöhne sich wieder mit dem Mann« (V. 11 Einheitsübers.).

Dieser Abschnitt gibt uns drei klare Richtlinien für Paare, die sich getrennt haben:

1. Wer sich von seinem Partner getrennt hat, sollte nicht auf eine Scheidung und Wiederheirat hinarbeiten. Für uns heute bedeutet dies, daß jemand, der getrennt von seinem Ehepartner lebt, keine Fühler nach einem neuen Partner ausstrecken sollte. Nichts behindert eine mögliche Versöhnung mehr als eine Liebesbeziehung zu einem anderen Menschen.

2. Für das getrennt lebende Paar sollte eine Versöhnung das Ziel Nr. 1 sein. Dieses Ziel sollte auch der Seelsorger haben. Er darf ein Paar nicht aufgeben, auch wenn es sich selber aufgegeben hat. Zu keinem Zeitpunkt sollte man die Option der Versöhnung aus dem Blick verlieren.

3. Auch der andere Partner sollte nicht auf eine Scheidung hinarbeiten. In den Augen der Bibel hat der Partner, der aktiv die Scheidung betreibt, die größere Verantwortung (Matthäus 5,32; Markus 10,11). Die größte Schuld liegt bei dem, der auf der Scheidung besteht; er ist für seine eigene Sünde und für die daraus folgende seines Partners verantwortlich.

Wenn es zur Scheidung kommt

Viele Menschen werden Opfer einer Scheidung, die sie nie gewollt haben. Die Bibel erwartet von dem Christen, der einen ungläubigen Ehepartner hat, daß er bei ihm bleibt, weil er ihn Christus näher bringt (vgl. 1. Korinther 7,12-14). Sie gibt jedoch weitere Anweisungen für den Fall, daß es zur Scheidung oder zum Ehebruch kommt.

1. Wenn ein ungläubiger Partner geht. Die Bibel sagt: »Wenn aber der Ungläubige sich scheiden will, so laß ihn sich scheiden. Der Bruder oder die Schwester ist nicht gebunden in solchen Fällen« (1. Korinther 7,15). Meistens ist es das Verhalten *beider* Partner, das zur Scheidung führt, aber eine Scheidung kann auch nur durch einen Partner betrieben werden. Die Bibel stellt klar, daß der Christ, der zum Opfer des Verhaltens eines ungläubigen Partners wird, vom Band der Ehe befreit ist. Paulus fährt fort, daß jemand, der solcherart »geschieden« ist, sich durch eine Wiederheirat nicht versündigt (V. 27-28), aber in seinem Leben in »äußere Bedrängnis« kommen kann. Er darf sich wiederverheiraten, wird aber womöglich an den Narben der ersten Ehe leiden. Daß ich mich wiederverheiraten *darf*, heißt noch nicht, daß ich auch *reif* dazu bin.

2. Ehebruch durch einen oder beide Partner. Hier hält die Bibel eine Scheidung für erlaubt, da das Ehegelöbnis gebrochen worden ist (Matthäus 5,27-32). Aber die Bibel ist auch voller Beispiele für Versöhnungen selbst nach wiederholtem Versagen. Es ist klar, daß Ehebruch nicht automatisch das Ende der Ehe bedeuten muß. Es reicht jedoch nicht aus, es einfach noch einmal »miteinander zu versuchen«; beide Partner müssen entschlossen sein, ihr Ehegelöbnis in Zukunft zu halten.

Die Ehe ist ein Bund zwischen einem Mann und einer Frau. Ein Ehebruch bricht diesen Bund, der folglich wiederhergestellt werden muß. Es kann hilfreich sein, das Ehegelübde zu erneuern, um so Gott in aller Form um seinen erneuten Segen für diese Ehe zu bitten. Eine solche, auf die persönliche gegenseitige Vergebung folgende Erneuerung des Ehegelübdes in aller Form kann ein offizieller Neuanfang für ein Paar sein.

3. Vergebung ist möglich. Der Mensch, der sich gegen die klare Anweisung der Bibel hat scheiden lassen und jetzt die Folgen dieser Scheidung erleidet, steht damit nicht außerhalb von Gottes Vergebung. Es gibt nur eine unvergebbare Sünde, und es ist nicht die Scheidung! Auch die Sünde der Scheidung kann vergeben werden. Diese Vergebung bedeutet keine Entschuldigung der Scheidung, und die Folgen der Scheidung, auch wenn sie vergeben ist, begleiten einen gewöhnlich für den Rest des Lebens.

Gottes Meisterplan für die Familie lautet: ein Mann und eine Frau, bis der Tod sie scheidet. Als Paare und Diener Jesu Christi müssen wir uns immer nach diesem Ideal ausstrecken. Unsere eigenen Ehen sollten Spiegel der Liebe Christi zu seiner Braut, der Gemeinde, sein. Wir müssen alles daransetzen, zu lernen, einander zu lieben, so wie Christus uns mit ewiger Liebe geliebt hat.

Vorbeugen ist besser als heilen

Scheidung muß nicht sein. Da wir Menschen nun einmal Sünder sind, wird die Scheidung trotzdem eine Realität bleiben, bis Christus wiederkommt. Aber es gibt Methoden zur Verminderung der Verwirrung, Fehlkommunikation, Gefühllosigkeit und Entzweiung, die so oft zur Scheidung führen. Der folgende Ehesensibilitäts-Test soll Ihnen helfen, die Qualität der Kommunikation in Ihrer Ehe zu heben, indem er Ihnen zeigt, wie gut Ihre Antenne für die Bedürfnisse Ihres Partners ist, und Ihnen neue Informationen über Ihren Partner gibt.

Ehesensibilitäts-Test

1. Zwei Dinge, die mein Partner tut (bzw. von denen ich gerne hätte, daß er sie täte), die mir gefallen:
A. ______________________________
B. ______________________________
2. Zwei Dinge, die ich tue bzw. tun könnte, die meinem Partner gefallen:
A. ______________________________
B. ______________________________
3. Zwei Eigenschaften, die ich an meinem Partner bewundere:
A. ______________________________
B. ______________________________
4. Zwei Angewohnheiten meines Partners, die mich ärgern oder irritieren:
A. ______________________________
B. ______________________________
5. Was für eine Veränderung hätte ich gerne in den nächsten beiden Wochen im Verhalten meines Partners? (Bitte nur eine nennen.) ______________________
6. Was für eine Veränderung in meinem Verhalten (bitte nur eine nennen) hätte mein Partner wohl gerne in den nächsten beiden Wochen? ______________________

Dieser Ehesensibilitätstest ist eine einfache, aber effektive Methode zur Überprüfung der Qualität der Kommunikation in einer Ehe. Der Test sollte von beiden Partnern einzeln gemacht werden, und zwar immer wieder, worauf man die Ergebnisse in einer ruhigen Stunde zu zweit bespricht. Für diese Besprechungen sollte man sich reichlich Zeit nehmen und Gott jeweils vorher bitten, beiden Partnern eine offene, lernbereite, nichtaggressive Haltung zu schenken.

Und jetzt einige Richtlinien für die Verbesserung der Kommunikation in der Ehe:

1. Seien Sie ehrlich zueinander. Hören Sie auf, so zu tun, als ob alles gut sei, wenn es das nicht ist. Ihr Partner kann nie die Veränderungen vornehmen, die für eine glückliche Ehe nötig sind, wenn er gar nicht weiß, daß Sie unglücklich sind.

2. Seien Sie fair zueinander. Hören Sie auf, über Kleinigkeiten zu jammern; sie sind nur Symptome tiefer sitzender Frustrationen. Gehen Sie an die Wurzel des Problems, und lassen Sie Ihren Partner das auch tun.

3. Stehen Sie fest zueinander. Geben Sie einander nicht auf. Wer einfach das Handtuch wirft, zeigt damit nur, wie schwach seine Liebe ist. Demonstrieren Sie Ihrem Partner, daß er Ihnen wert ist; geben Sie sich alle Mühe, einander zu lieben und zu verstehen.

4. Nehmen Sie sich Zeit füreinander. Die Träume von heute sind die Realitäten von morgen. Fangen Sie an, zusammen zu träumen. Planen Sie gemeinsame Unternehmungen, lassen Sie sich von nichts abhalten dabei. Geben Sie Ihrer Liebe eine Zeit-Infusion.

5. Reden Sie miteinander. Lernen Sie es, mit dem Herzen zu hören. Öffnen Sie sich einander – das vertieft eine Beziehung.

6. Pflegen Sie Ihr Liebesleben. Nehmen Sie Sex nicht für selbstverständlich, lassen Sie Ihr Liebesleben nicht langweilig und muffig werden. Nehmen Sie sich viel Zeit und Phantasie, warten Sie nicht, bis Sie zu müde sind. Halbherziger 08/15-Sex schadet Ihrer Ehe; wer sich nicht mehr für seinen Partner interessiert, interessiert sich womöglich bald für den anderen Mann/ die andere Frau.

7. Vergeben Sie einander. Versagen ist menschlich, auch in der Ehe. Lernen Sie es, zu vergeben und Ihre Fehler hinter sich zu lassen. Wer in seiner Ehe nicht verzeihen kann, der verspielt sie.

Mit Scheidung leben

Aber was ist, wenn es doch zur Scheidung kommt? Eine Scheidung ist das Ende der Ehe, aber nicht das Ende der Welt. Das Leben geht weiter, und es ist zwar nicht einfach, aber auch nicht hoffnungslos. Die Folgen einer Scheidung können einen schwer belasten. Angst, Wut, sich als Versager oder schuldig oder zurückgesetzt fühlen – der Schmerz einer Scheidung hat viele Gesichter. Aber wie groß der Schmerz auch ist, Gott hat Sie nicht aufgegeben. Er liebt Sie nach wie vor und sorgt für Sie.

Wenn Sie als Folge der Scheidung als alleinerziehende Mutter / Vater leben, nehmen Sie sich vor, Ihr Allerbestes zu tun. Sie können den Kindern den anderen Elternteil nicht ersetzen, aber Sie können ihnen immer noch ein liebevoller, fürsorglicher, treuer Vater / Mutter sein, der / die ihnen etwas vom Wesen Christi vorlebt. Eine Scheidung ist für die Kinder immer ganz besonders schwierig. Sie mögen ihnen ihren Schmerz nicht wegnehmen können, aber Sie können die Liebe und Freude Christi in ihr Leben bringen.

Wie groß der Schmerz auch ist, Gott hat Sie nicht aufgegeben. Er liebt Sie nach wie vor und sorgt für Sie.

Angst vor Ablehnung

Soviel zur Scheidung. Ein anderes Problem ist die Angst vor Ablehnung. Jeder Mensch möchte von seiner Umgebung angenommen werden. Die einen suchen ihre Anerkennungseinheiten im Beruf, andere in der Bildung, wieder andere im Sport. Der Schlüssel zum Anerkanntwerden, so meinen sie, heißt »Erfolg«, und so stürzen sie sich in den großen Konkurrenzkampf. Andere suchen Anerkennung in zwischenmenschlichen Beziehungen. Wieder andere haben die Suche aufgegeben (»Mich mag ja doch keiner«) und zementieren diesen Zustand durch depressive Verhaltensmuster wie Alkoholmißbrauch und andere Süchte.

Die lebenslange Jagd nach Anerkennung ist tief in der menschlichen Persönlichkeit verwurzelt. Viele Menschen verspüren einen inneren Hunger, ohne recht zu wissen, worauf. Nun, zunächst einmal hat der Mensch einen unstillbaren Drang danach, seinen Schöpfer kennenzulernen. Wir alle haben einen angeborenen Hunger nach den spirituellen und ewigen Realitäten des Lebens. Wir brauchen die Gewißheit, daß Gott uns annimmt und nicht fortstößt. Deswegen ist die Religion so wichtig für das Bild, das der Mensch von sich selber hat. Nur wer überzeugt ist, daß Gott ihn annimmt, wird glauben, daß seine Mitmenschen ihn annehmen. Die meisten von uns haben deswegen solche Angst vor Ablehnung, weil sie wissen, wie sündig sie sind. Von Gott angenommen zu sein, ist lebenswichtig für uns.

Zweitens hat jeder Mensch eine angeborene Angst vor Ablehnung. So wie unser Körper immunologische Abwehrsysteme zur Bekämpfung von Infektionskrankheiten entwickelt hat, so entwickelt unsere Seele Fertigkeiten zur Vermeidung von Ablehnung. Wir gehen zum Beispiel Menschen, die uns in der Vergangenheit verletzt haben, aus dem Weg, und überlegen es uns gut, wem wir Einblikke in unsere Privatsphäre geben. Und auch wenn wir nicht erwarten, daß unsere Feinde uns lieben, verletzt es uns schwer, wenn ein Freund sich gegen uns wendet.

Das Ablehnungssyndrom

Bei Menschen, die von Kind auf immer wieder Ablehnung erfahren haben, entwickelt sich leicht ein *Ablehnungs-Syndrom*: Wir haben uns so an das Abgelehntwerden gewöhnt, daß wir uns schließlich selber ablehnen. Es gibt viele Faktoren und Stufen bei diesem Ablehnungssyndrom:

1. Liebe nur gegen Leistung. Manche Kinder glauben unbewußt, daß die anderen sie nur mögen, wenn sie gute Leistungen bringen – in der Schule, im Sport, im Klavierunterricht usw.

2. Negative Vergleiche. Wo Eltern ein Kind zu bevorzugen scheinen, fühlen die anderen sich leicht zurückgesetzt. Grundsätzlich ist Konkurrenz unter Geschwistern etwas Normales, aber einseitiges Loben und negatives Vergleichen führen zu dem Gefühl, weniger geliebt zu sein. Es gibt keine zwei Kinder, die in ihren Fähigkeiten und Interessen absolut gleich sind, und so werden Vergleiche leicht unfair und ungesund.

3. Entzug der elterlichen Liebe. Längere Krankheit, Krankenhausaufenthalte, Wehr- oder Ersatzdienst und anderes können zu langen Trennungen von den Eltern führen. In solchen Situationen kommen sich manche Kinder schließlich ungeliebt vor. Gute Eltern werden hier alles versuchen, um dem Kind zu zeigen, daß sie es nach wie vor lieben.

4. Scheidung. Das Drama einer Scheidung kann kein Kind einfach »wegstecken«. Vor allem Kinder in der Vorpubertät neigen dazu, sich selber eine Mitschuld an der Scheidung zuzuschieben; die Scheidung stellt ihren Wert als menschliches Wesen in Frage.

5. Überbehütung. Die Eltern mögen es noch so gut meinen – das überbehütete Kind fühlt sich erstickt und unerfüllt und bekommt ungesunde Ängste. Der Schritt heraus aus dem warmen Nest in die Welt der Erwachsenen erfüllt es mit Entsetzen.

6. »Eisschrank«-Eltern. Es gibt Eltern, die ihre Kinder echt lieben, aber dies in ihrer Sprache und Körpersprache nicht auszudrücken vermögen. Das Kind erlebt dies als Kälte und Ablehnung und wird womöglich selber unfähig, Liebe zu zeigen.

(indesmißbrauch. Die schlimmste Form der Ableh- st seelischer oder körperlicher Mißbrauch. Das ungewollte Kind, aber auch manches behinderte Kind, merkt es unfehlbar, wenn seine Eltern es ablehnen.

8. Ablehnung des Teenagers durch Gleichaltrige. Die Pubertät ist die Lebensphase, in der man am empfindlichsten gegen Ablehnung ist. Teenager, die sich von ihren Gleichaltrigen abgelehnt fühlen, bekommen oft eine Persönlichkeitsprägung, die für den Rest des Lebens anhält. Ihre Angst, abgelehnt zu werden, läßt sie entweder zu blinden Jasagern oder zu eigensinnigen Exzentrikern werden.

9. Unsicherheit des jungen Erwachsenen. Aus dem sich abgelehnt vorkommenden Teenager wird ein verunsicherter junger Erwachsener. Gewöhnlich hat er Schwierigkeiten, Freundschaften mit dem anderen Geschlecht zu schließen. Seine engsten Freunde sind oft Außenseiter der Gesellschaft. Die Angst vor Ablehnung führt oft zu bizarren Verhaltensweisen, die die Ablehnung weiter verstärken – ein Teufelskreis.

10. Der gestörte Erwachsene. Der Teenager und Heranwachsende, der keine Geborgenheit und Annahme erfährt, wird schließlich zum Erwachsenen mit massiven Defiziten in seiner Persönlichkeit. Er neigt privat und im Beruf zum Versagen, was sein »Mich-will-keiner«-Gefühl nur noch verstärkt.

Angenommensein beginnt mit Gott

Die endgültige Ablehnung ist die Hölle – eine Ewigkeit fern von Gott. Aber genau dies will Gott uns ersparen, und darum goß er seinen ganzen Zorn auf seinen Sohn aus und nagelte unsere Sünden ans Kreuz. Die Strafe ist bezahlt, es steht nichts mehr zwischen uns und Gott. So sündig und undankbar wie wir sind, hat er uns seine Liebe und Annahme angeboten.

Die Bibel versichert uns, daß der Gläubige als Kind von Gott adoptiert und angenommen ist (Epheser 1,5-6). Gott hat uns in seiner Liebe angenommen, in seiner Gnade vergeben und durch seinen Geist neu gemacht. Christus ist in

Gott, und wir sind in Christus. Diese unsere geistliche Gemeinschaft mit ihm gibt uns Geborgenheit – eine Geborgenheit, die nicht auf unserer Leistung beruht, sondern auf unserer Beziehung zu Gott. Indem unser himmlischer Vater Christi Sühneopfer für unsere Sünden annimmt, nimmt er uns als seine Kinder an. Durch die Versöhnung, die am Kreuz geschehen ist, ist unsere Schuld durchgestrichen, und wir sind neue Geschöpfe in Jesus Christus geworden (2. Korinther 5,17).

Ablehnung überwinden

Haben auch Sie durch Ablehnungserfahrungen in Ihrer Kindheit den Eindruck bekommen, daß keiner Sie will? Es ist möglich, herauszukommen aus diesem Loch. Wir müssen nicht für immer das Opfer unserer Vergangenheit sein. Hier ist die Alternative:

1. Nehmen Sie Gottes Liebe an. Hören Sie auf, vor dem Gott, der Sie liebt, davonzulaufen. Nehmen Sie seine Vergebung an, lassen Sie sich von ihm annehmen!

2. Hören Sie auf, sich selber abzulehnen. In Christus sind Sie ein Kind Gottes. Tun Sie nicht länger so, als wäre das nicht wahr. Sie sind ein Miterbe mit Jesus Christus – leben Sie auch so! Selbstablehnung bedeutet Verleugnung Ihrer neuen Identität in Christus.

3. Hören Sie auf, anderen die Schuld zu geben. Bloß weil vielleicht andere Sie abgelehnt haben, brauchen Sie sich noch lange nicht selber abzulehnen. Lassen Sie die Selbstablehnung nicht zu Ihrer zweiten Natur werden – und schieben Sie nicht dem Rest der Welt die Schuld an Ihren Problemen zu.

4. Fangen Sie an, als Kind des Königs zu leben. Jesus hat uns zugesagt, daß er niemanden hinausstoßen wird, der zu ihm kommt (Johannes 6,37). Gott hat Sie in Christus vollständig und wahrhaftig angenommen. Sie gehören zu Gottes Familie. Die Not, die Sie vielleicht gerade durchmachen, ist nur vorübergehend. Aus der Perspektive der Ewigkeit haben Sie eine große Zukunft vor sich!

Überfließende Gnade

Gottes Gnade reicht für all Ihr Versagen aus. Er liebt Sie so, wie kein anderer Sie je lieben wird. Gott kann Sie nicht noch mehr lieben, als er es schon tut, und er wird Sie nie weniger lieben, egal was kommt. Sie sind sein Kind – jetzt und für immer. Aber wir sollten seine Liebe und Gnade nie als Ausrede und Freibrief benutzen. Wir sind nach wie vor verantwortlich für das, was wir tun, und für die Folgen, die es für unser Leben hat. Gottes Gnade versichert uns, daß er immer da ist, um uns zu helfen, wie hart der Kampf auch ist, in dem wir gerade stehen.

Kapitel 6

Streß und kein Ende

Streß – wer kennt das nicht? Und er wirkt immer gleich, der Streß: Entweder er macht uns stärker (wie einen Diamanten), oder er zerbricht uns (wie ein Ei). Ob wir eher Ei oder Diamant sind, hängt davon ab, wie wir mit unserem Streß umgehen.

»Das reicht mir, das halte ich nicht mehr aus!« schrie Janet ihre Kinder an. »Jetzt habt ihr's auf die Spitze getrieben! Das ist das letzte Mal, daß ihr einen Freund über Nacht hier hattet!«

»Aber Mama«, heulte Jennifer, »das ist doch heute das erste Mal, daß einer hier ist!«

Streß beginnt in unserem Gehirn. Er entsteht dadurch, wie wir über uns und unsere Aufgaben denken. In ein und derselben Situation können verschiedene Menschen sich verschieden gestreßt fühlen, weil sie das Leben verschieden sehen. Und auch ihre Reaktionen auf Streß sind unterschiedlich. Der eine läßt seinen Frust mit Worten heraus, der andere muß bis zum Umfallen arbeiten.

Wie kommt es zum Streß?

Die größte Streßursache bin ich selber. Mit der Art, wie ich auf die Herausforderungen meines Lebens reagiere, setze ich mich unter Druck. Wenn ich also lernen will, mit meinem Streß umzugehen, muß ich lernen, mit mir selber umzugehen.

1. Selbstbild. Oft ist mein eigenes Selbstbild mein größter Sklaventreiber. Wer sich als Supermann/Superfrau sieht, der wird um jeden Preis Erfolg haben wollen; der bloße Gedanke, daß er versagen könnte, ist ihm unerträglich. Wer dagegen ein unterentwickeltes Selbstbild hat, bekommt schon bei der kleinsten Herausforderung schlaflose Nächte.

2. Ziele. Manchmal kommt unser Streß einfach dadurch, daß wir uns unrealistische Ziele gesetzt haben, die wir gar nicht erreichen können. Solch ein Streß kann wahre Qualen verursachen; das kleinste neue Hindernis wirft uns aus der Bahn. Die Lösung besteht hier darin, daß wir unsere Ziele Gott übergeben und uns fragen, ob unsere Pläne auch *seine* Pläne sind.

3. Angst. Angst ist ein häufiger Streßverursacher. Sie lenkt unseren Blick weg von dem allmächtigen Gott und hin zu unseren ach so kleinen Möglichkeiten. Wer in der Situation A Angst hat, hat in der Situation B leicht noch mehr Angst. Sie wächst und wächst, die Angst, und mit ihr unsere Nervosität, bis wir unter dem Druck zerbrechen. Angst macht uns unfähig, auf Menschen zuzugehen und Verantwortung zu übernehmen. Es gibt sicher Situationen, wo Angst uns schützt – aber sie kann eben auch zerstörerisch wirken.

4. Zeit. Einer der größten Streßfaktoren heutzutage ist der Zeitmangel. Wenn wir stöhnen: »Ich habe keine Zeit!«, versuchen wir wahrscheinlich, zu viel auf einmal zu tun. Wir leisten heute oft an einem Tag mehr, als unsere Vorfahren in einer Woche oder einem ganzen Monat schafften. Das so hektisch gewordene Tempo unseres Lebens treibt uns in die Selbstüberforderung. Hier spielt auch unser Alter eine Rolle. Mag sein, daß jemand mit 25 Jahren einen 18-Stunden-Tag hinlegen kann – aber nicht mehr mit 50.

5. Gesundheit. »Ich habe keine Zeit, um krank zu sein« – kennen Sie das auch? Aber wenn wir das Tempo zu sehr forcieren, werden wir früher oder später unweigerlich krank und sind dann nicht nur für ein paar Tage, sondern wochen-, ja monatelang ausgeschaltet. Wir sollten lernen, auf die Warnsignale unseres Körpers zu achten, unsere Prioritäten neu zu ordnen und uns mehr Ruhe zu gönnen.

6. Familie. Mit der größte Streß kommt durch Familienprobleme. So mancher Berufstätige nimmt seine Probleme zu Hause mit in sein Büro. Wir sollten uns darüber klar sein, daß ein gesundes Zuhause ein hervorragendes Anti-Streß-Mittel für unser Berufsleben ist. Wer sich die Zeit nimmt, sein Familienleben zu pflegen, wird mehr Erfolg im Beruf haben.

7. Finanzen. Finanzielle Mißwirtschaft ist eine der Hauptursachen von Streß. Hohe Schulden fressen an unserer inneren Kraft. Wer seine Geldprobleme in den Griff bekommen will, muß sich viel Zeit und Mühe nehmen.

Selbstgemachte Konflikte

Die häufigste Streßursache ist schlicht Achtlosigkeit und Verantwortungslosigkeit. Wer mit seiner Zeit, Gesundheit, Familie und Finanzen nicht richtig umgeht, erntet nur zusätzlichen Streß. Wenn Sie in einen Tag zuviel hineinpakken, wird der Streß und der Frust fast sofort einsetzen und Sie den ganzen Tag hindurch begleiten.

An der Wurzel solchen selbstauferlegten Stresses liegt letztlich unser Aufbegehren gegen Gott und seine Allmacht. Wir führen gleichsam Krieg gegen Gottes Willen für unser Leben. Wenn wir unseren Terminkalender zu voll packen und uns zuviel abverlangen, versuchen wir, mehr zu tun, als Gott für uns will. Wir strampeln uns nach dem ab, was *wir* wollen, und suchen nicht das, was Gott will – und schon sind wir im Streß.

Das Annehmen unserer von Gott gegebenen Grenzen ist geradeso wichtig wie das Annehmen der Gaben und Fähigkeiten, die Gott uns geschenkt hat. Wer versucht, mehr zu tun, als Gott für ihn vorgesehen hat, kommt unweigerlich in Streß. Der Weg zur Streßbewältigung heißt: Lernen, sich auf Gottes Prioritäten zu konzentrieren und zu allem anderen nein zu sagen.

Den Streß besiegen

Ein Problem geht nicht dadurch weg, daß wir wünschen, es wäre nicht mehr da. Handeln ist angesagt:

1. Abgeben. Hören Sie auf, mit Gott zu kämpfen. Wenn Ihr Terminkalender Sie kaputtmacht, dann kommt er nicht von Gott. Etwas Streß ist normal, aber wir können nicht von einer Überforderung zur anderen gehen, ohne schließlich zu zerbrechen. Geben Sie Ihre Ziele ab, tun Sie Gottes Willen!

2. Beten. Lernen Sie es, Streß durch Beten abzulassen. Wenn Sie mit Gott reden, reden Sie mit dem allmächtigen Herrn des Universums. Echtes Gebet besiegt Sorgen und Ängste. Legen Sie Ihren Streß Gott hin und bitten Sie ihn, Sie zu führen.

3. Reden. Suchen Sie sich einen Menschen, der das, was Sie gerade durchmachen, versteht, und sprechen Sie sich bei ihm aus. Das Gespräch löst zwar nicht das Problem, aber es nimmt einen Teil Ihrer Spannung weg. Haben Sie keine Angst, Ihrem Ehepartner, Ihrem Pastor, Berater oder Freund Ihr Herz auszuschütten.

4. Spielen. Erholung kann sehr streßlösend wirken. Manche Menschen können nicht mehr, weil sie nicht genügend körperlichen Ausgleich haben. Die Zeit, die Sie in einen Ausgleichssport stecken, werden Sie mit Zinsen für Ihre Arbeit zurückbekommen! Also los – joggen Sie, wandern Sie, schwimmen Sie, segeln Sie, fahren Sie Rad. Oder gehen Sie kegeln. Oder täte es Ihnen gut, Geschichten oder Gedichte zu schreiben? Fangen Sie an! Sie werden es nicht bereuen.

5. Planen. Bauen Sie systematisch etwas Freizeit und Entspannung in Ihren Terminkalender ein. Füllen Sie ihn nicht so sehr, daß Sie keine Zeit mehr zum Beten, Nachsinnen oder für nostalgische Erinnerungen haben. Schaffen

Sie sich Freiräume, um in Ihrer Menschlichkeit wachsen zu können.

> Wir alle haben jede Menge Potential, aber wir können es nur verwirklichen, wenn wir das tun, wozu Gott uns eigentlich berufen hat.

Wie meistere ich meine Lebenskrisen?
Man hört heute viel über Menschen, die in der Midlife-Krise stecken. Unser ruheloses Jagen nach Erfolg und materiellem Wohlstand hat uns eine Burnout-Gesellschaft beschert. Millionen Zeitgenossen stellen mit 40 oder 50 Jahren fest, daß sie eigentlich nicht recht wissen, wozu ihr Leben gut sein soll. Und viele Jüngere fragen sich voller Unsicherheit, ob das, was sie da tun, wirklich ihre Berufung ist. Egal, wie alt wir sind, wenn wir uns ohne Ziel vorkommen, sind wir versucht,

1. Zurückzugehen – in unsere Kindheit und Jugend, als alles noch (wie wir meinen) so harmonisch und einfach war. Wir geben uns Tagträumen hin, brüten über »verlorene Zeit« und über »Was wäre gewesen, wenn ...« nach und sehen keine Zukunft mehr.

2. Unterzugehen – unter dem Druck des Lebens zusammenzubrechen. Wir können uns nicht mehr konzentrieren, unser Leben hat kein Ziel mehr. Seelische Nabelschau, plötzliche Gefühlsausbrüche und tiefe Depressionen sind Symptome. Drogenmißbrauch, Alkoholismus und sexuelle Untreue sind typische »Fluchtmechanismen« in solchen Midlife-Krisen.

Der einzige richtige Weg aus jeder Krise ist der *nach vorne*. Stellen Sie sich Ihren Problemen, ordnen Sie Ihre Prioritäten neu, reduzieren Sie Ihren Terminkalender. Fragen Sie sich, wieviel Sie sinnvollerweise bewältigen können. Machen Sie einen Neuanfang, verlassen Sie das eingefahrene

Geleise und versuchen Sie etwas Neues. Weniger ist mehr: Wir machen mehr aus unserem Potential, wenn wir ein paar Dinge gut machen, als wenn wir uns verzetteln und viele Dinge mittelmäßig machen. Wir alle haben jede Menge Potential, aber wir können es nur verwirklichen, wenn wir das tun, wozu Gott uns eigentlich berufen hat.

Ich bin immer so müde ...

Es ist erstaunlich, daß ausgerechnet in unserer Freizeitgesellschaft so viele Menschen chronisch müde sind – leider auch viele Christen.

Die möglichen Ursachen chronischer Müdigkeit sind so zahlreich, daß ich sie hier unmöglich alle auflisten kann, aber fragen Sie sich einmal, wie viele der folgenden Aussagen auf Sie zutreffen:

»Abends bin ich immer so fix und fertig, daß ich mich nur noch ausziehen und ins Bett fallen kann.«

»Ich fühle mich beim Aufwachen noch müder als beim Zubettgehen.«

»In der letzten Zeit fühle ich mich so ausgelaugt, daß ich kaum noch die nötigsten Arbeiten schaffe.«

Die Ursachen

Wenn mindestens eine der obigen Aussagen auf Sie zutrifft, schauen Sie sich einmal die folgenden vier Ursachen chronischer Müdigkeit an:

1. Körperliche Ursachen. Eine mögliche Erschöpfungsursache ist körperliche Überanstrengung, doch ist dies in unserer Gesellschaft heute recht selten geworden. Die bei weitem häufigste körperliche Ursache von chronischer Müdigkeit ist zu *wenig* körperliche Betätigung! Gott hat unseren Körper so geschaffen, daß er Nahrung zu sich nimmt, diese Nahrung durch körperliche Anstrengung verbrennt, die Rückstände ausscheidet und sich genügend ausruht. Dies ist Gottes Bauplan für einen gesunden »Tempel« (vgl. 1. Korinther 6,19), in welchem der Geist des Menschen und der Geist Gottes einträchtig beieinander wohnen.

Mit unserem technischen Fortschritt ist jedoch auch unsere Fähigkeit, körperliche Anstrengung zu vermeiden, gewachsen, mit dem Ergebnis, daß unser Körper häufig hoffnungslos unterfordert ist. Stellen Sie sich einen Sportwagen vor, mit dem Sie nur zum Einkaufen und zum Briefkasten fahren – durch lauter Tempo-30-Zonen. Früher oder später wird der Motor mit Stottern, Fehlzündungen und Startproblemen rebellieren. Das ist der körperliche Zustand vieler Menschen im Westen heute! Regelmäßiger, intensiver Ausgleichssport – unter der Anleitung Ihres Hausarztes – ist der Schlüssel zum Sieg über die Unterforderung unseres Körpers.

2. Pathologische Ursachen. Dies sind Krankheiten und ihre Begleiterscheinungen. Es ist völlig normal, wenn man sich nach einer schweren Lungenentzündung oder Operation wochenlang wie ausgebrannt fühlt. Schalten Sie während der Rekonvaleszenz einen Gang zurück – Ihre Genesung dauert sonst nur noch länger, und vielleicht erleiden Sie sogar einen Rückfall.

Bei hartnäckiger Müdigkeit, die ohne erkennbare körperliche Ursachen wochenlang andauert und einfach nicht weggehen will, sollten Sie zum Arzt gehen und sich gründlich untersuchen lassen. Dies gilt insbesondere, wenn die Müdigkeit mit einem oder mehreren der folgenden Symptome einhergeht, die allgemein als die sieben Warnsignale für Krebs gelten:

- Veränderungen bei Stuhlgang und Wasserlassen,
- nicht heilende Wunden und wunde Stellen,
- ungewöhnliche Blutungen oder Absonderungen,
- Verdickungen oder Knoten in der Brust und anderswo,
- Anhaltende Magenverstimmungen oder Schluckbeschwerden,
- Veränderungen an Warzen oder Leberflecken etc.,

- hartnäckiger Husten oder Heiserkeit.

3. Psychologische Ursachen. Die Ärzte sagen uns, daß fast 50 Prozent der Patienten, die sie mit »körperlichen« Beschwerden aufsuchen, in Wirklichkeit vor allem seelisch belastet sind. Seelische Probleme, vor allem Depression, Angst und Sorgen, sind die bei weitem häufigste Ursache von chronischer Müdigkeit. Ständiger emotionaler und persönlicher Streß kann das Erschöpfungs-Abwehrsystem des Körpers zermürben.

Die Anpassungsfähigkeit unseres Körpers an unterschiedliche Situationen und Streßzustände ist gewaltig, aber anhaltende emotionale Unruhe, wie sie durch innere seelische Konflikte oder aus der äußeren Situation kommenden Streß entsteht, kann Veränderungen im Körper bewirken, die zu Müdigkeit, Erschöpfung und oft Krankheit führen. Die moderne Medizin steht noch am Anfang der Erforschung der so realen und wichtigen Zusammenhänge zwischen unserer seelischen und unserer körperlichen Gesundheit.

4. Geistliche Ursachen. Die Bibel lehrt eindeutig, daß unser geistliches und unser körperliches Wohlergehen eng miteinander zusammenhängen. So lesen wir in Psalm 32,3 (Hoffnung für alle): »Erst wollte ich dir, Herr, meine Schuld verheimlichen. Doch davon wurde ich so schwach und elend, daß ich nur noch stöhnen konnte.« Der seelische Streß, der durch hartnäckige oder nicht vor Gott gebrachte Sünde kommt, kann uns gründlich fertig und müde machen.

Fünf Therapien gegen chronische Müdigkeit

1. Sein Gewissen rein halten. Die Bibel lehrt, daß dann, wenn ein Gläubiger ständig in Sünde lebt, ohne Buße zu tun, seine Gebete keine Wirkung mehr haben. Seine innere Isolation führt ihn dann in eine bohrende Angst – eine Angst, die nur durch Sündenbekenntnis und die Wiederherstellung der rechten Beziehung zu Gott geheilt werden kann. Der alttestamentliche König David wußte um die heilende Kraft der Gottesbeziehung. Er schrieb: »Darum bekannte ich dir meine Sünde, und meine Schuld verhehlte ich nicht. Ich sprach: Ich will dem HERRN meine Übertretungen bekennen. Da vergabst du mir die Schuld meiner Sünde« (Psalm 32,5).

2. Eine ausgewogene Diät halten.* »Ausgewogen« ist dabei sowohl eine Sache der Menge als auch der Qualität. Drei Hauptmahlzeiten am Tag, jeweils zu der gleichen Zeit, sind am besten. Essen Sie zum Frühstück nicht zuviel Zukker. Hin und wieder eine Tasse Kaffee ist in Ordnung, aber hüten Sie sich davor, sich mit Kaffee oder Süßigkeiten auf Touren zu halten und womöglich nichts Gescheites zum Mittagessen zu essen. Wer seinen Schreibtisch zum Schokoriegel-Depot umfunktioniert oder ein paarmal die Woche den halben Kühlschrank leerfrißt, darf sich nicht wundern, wenn er Extrapfunde ansetzt – die dann natürlich eine Extrabelastung für Herz und Kreislauf, Atmung, Muskeln und Knochen sind und müde machen. Ihr Arzt/Apotheke/Reformhaus/Krankenkasse gibt Ihnen gerne eine Gewichtstabelle, aus der Sie ablesen können, was für Ihre Körpergröße, Alter und Körperbau das »richtige« Gewicht ist.

Es ist nicht nur wichtig, *wieviel* wir essen, sondern auch *was* wir essen. Genug (oder mehr als genug) Eiweiß essen in den reichen Ländern die meisten Menschen. Unser Körper braucht jedoch auch sechs Vitamingruppen; sind sie nicht genügend vorhanden, kommt es zu Müdigkeit und Verlust an Antriebskraft.

Vitamin A. Ist u. a. notwendig für eine gesunde Haut und gutes Sehen bei Nacht. Streß ist ein Vitamin-A-Räuber. Leber, Aprikosen, Möhren, Kürbis, Eigelb, Butter und Sahne sind typische Vitamin-A-Lieferanten.

* Anmerkung des Verlags: Das folgende sind allgemeine Empfehlungen, die die individuelle Gesundheitslage des Lesers nicht berücksichtigen. Auf keinen Fall können sie eine gründliche Beratung durch den Hausarzt etc. ersetzen. Entsprechendes gilt für den folgenden Abschnitt über Bewegung und Ausgleichssport.

Vitamin B-Komplex. Die B-Vitamine sind die »Energietransfer«-Vitamine, d. h. sie ermöglichen es dem Körper, die aufgenommenen Kalorien für sein Wachstum und richtiges Funktionieren zu verwerten. Sie sind auch wesentlich für das Nervensystem, und ihr Fehlen kann nicht nur zu Müdigkeit und Erschöpfung, sondern auch zu depressionsähnlichen Symptomen führen. Die B-Vitamine sind reichlich enthalten in Weizenkeimen, Eiern, Schweinefleisch, Hefe, Nüssen, Kartoffeln, Hülsenfrüchten und Leber.

Vitamin C hat eine Schlüsselfunktion in der Infektabwehr des Körpers. Es gibt auch Hinweise darauf, daß Vitamin C – vor allem in Frischobst – gegen Arterienverkalkung wirksam ist. Typische Vitamin-C-Träger sind Kartoffeln, Gemüse, grüne Paprika, Tomaten und so ziemlich alle Früchte.

Vitamin D ist notwendig für die richtige Aufnahme und Verwertung von Phosphor und Kalzium, die beide unerläßliche Knochenbausteine sind. Butter, Eigelb, Leber und Lebertran sind besonders reich an Vitamin D.

Vitamin E wird in Verbindung mit Wundheilung und Schutz vor Herzkrankheiten gebracht. Margarine, Hülsenfrüchte, Eigelb, pflanzliches Öl und Weizenkeim sind reich an Vitamin E.

Vitamin K ist ein »Blutvitamin«, das insbesondere zur Blutgerinnung notwendig ist, z. B. nach Verletzungen. Vitamin K ist reichlich enthalten in Blattgemüsen, pflanzlichen Ölen und Schweineleber.

3. Sich regelmäßig bewegen. Regelmäßige Bewegung schützt nicht nur unseren Körper, sondern auch unser Gehirn vor vorschneller Ermüdung. Suchen Sie sich für Ihren Ausgleichssport die für Sie beste Tageszeit aus. Für manche Menschen ist das die halbe Stunde direkt nach dem Aufstehen – und dann mit Schwung hinein in den Arbeitstag! Andere ziehen den Mittag vor – erst sich bewegen, dann essen. Die wohl beliebteste Ausgleichssport-Tageszeit sind die späten Nachmittags-/ frühen Abendstunden, wenn man nach einem harten Tag in Betrieb, Büro oder zu Hause abschaltet. Fragen Sie Ihren Arzt, was für ein Ausgleichssport und wieviel für Sie richtig ist. Ein regelmäßiges Fitneß-Programm sollte zu folgenden Ergebnissen führen:

- Stärkung von Herz und Kreislauf.
- Senkung des Blutdrucks.
- Senkung des Fett- und Cholesterinspiegels im Blut.
- Vergrößerung und Stärkung der Muskulatur; dadurch auch Stärkung der Knochen und Schutz vor altersbedingtem Kalziumverlust.
- Reduzierung von überschüssigem Körperfett.
- Erhöhtes Durchhaltevermögen – Sie können länger auf Hochtouren arbeiten und unter Druck zusätzliche Reserven mobilisieren.

Neuere Forschungen zeigen auch, daß körperliche Fitneß gut für Konzentration und Gedächtnis ist. Dies entspricht genau dem, was viele Jogger sagen: daß eine halbe Stunde laufen ihren Kopf klar macht und sie sich anschließend viel besser konzentrieren können.

4. Wählen Sie den richtigen Rhythmus. Legen Sie die schwierigsten Arbeiten in Ihre »besten« Tageszeiten. Manche Menschen arbeiten am späten Nachmittag am besten, andere sind »Nachtmenschen«, die abends nach 10 Uhr ihre beste Leistung bringen, wieder andere »Morgenmenschen«. Allerdings können wir es uns nicht immer aussuchen, zu welchen Zeiten wir bestimmte Arbeiten erledigen.

5. Urlaub, Pausen, Schlaf sind drei Varianten der Erholung und Wiederherstellung unserer geistigen und körperlichen Leistungsfähigkeit. Wenn möglich, sollte man seinen Urlaub dann nehmen, wenn man ihn am nötigsten hat. Leider ist der Urlaub vieler Zeitgenossen hektischer und verplanter als seine Arbeit! Regelmäßige Pausen im Tagesverlauf – ein kurzer Spaziergang oder ein Plausch mit einem Kollegen – können kleine Erholungswunder bewirken.

Richtiger, gesunder Schlaf ist ganz wesentlich für das Fitsein. Ob wir ihn bekommen, hängt stark von unserer körperlichen und seelischen Gesundheit ab. Greifen Sie nicht zu Alkohol oder Schlaftabletten, die mit der Zeit nur ihre Wirkung verlieren. Gottes Originalplan – sechs Tage arbeiten, am siebten Tag ruhen – gilt immer noch. Wenn Sie richtig leben, richtig arbeiten, richtig essen und richtig schlafen, werden Sie sich auch richtig fühlen. Bewegen Sie sich, kontrollieren Sie Ihre Eßgewohnheiten, und Sie werden sich sofort besser fühlen.

Wenn Sie sich besser fühlen und länger leben wollen, dann bewegen Sie sich! Es gibt keinen Ersatz für regelmäßige Bewegung bzw. Ausgleichssport. Schon ein täglicher Spaziergang von 30 – 60 Minuten kann Ihren Körper – und Ihre Seele – neu auf Touren bringen.

Viel Lärm um nichts?

Ein amerikanischer Professor, der Seminare über das Predigen hielt, betreute am Wochende selber eine kleine Gemeinde in Georgia. Eines Tages machte er, als er in sein Seminar kam, einen etwas niedergeschlagenen Eindruck. Am Ende der Stunde erklärte er den Teilnehmern den Grund. Die Kirche, in der er predigte, bot etwa 150 Menschen Raum und hatte zwischen den Sitzreihen den üblichen Mittelgang.

»Sie werden es nicht glauben«, sagte er, »aber nach den ersten paar Wochen in dieser Gemeinde merkte ich, daß die gleichen Leute immer auf derselben Seite der Kirche sitzen. Auf ›ihrer‹ Seite wechseln sie manchmal den Platz, aber sie wechseln nie die Seite. Letztes Wochenende habe ich schließlich einen von den Ältesten gefragt: ›Warum sitzen bei euch die einen immer auf dieser Seite und die anderen auf der anderen?‹ Darauf zeigte mir der Älteste den Teppichboden unter den Bänken. Ich hatte es noch nie bemerkt, aber jetzt sah ich, daß der Teppich aus zwei Teilen bestand und daß die Naht zwischen ihnen den ganzen Mittelgang entlanglief. Auf der einen Seite war das Blau des Teppichbodens eine Spur heller als auf der anderen. Der Älteste sah mich an und sagte: ›Herr Pastor, die Leute, die das hellere Blau mögen, sitzen halt auf dieser Seite, und die das dunklere mögen auf der anderen Seite.‹«

Einer der Teilnehmer fragte prompt: »Und was gedenken Sie zu unternehmen?«

Er antwortete: »Den Teppichboden rausreißen und einen *roten* reinlegen lassen.«

Niemand mochte den neuen roten Teppich, aber endlich begannen die Gottesdienstbesucher die Seiten zu wechseln!

Gottvertrauen lernen

Ja, nur zu oft regen wir uns über Sachen auf, die Gott überhaupt nicht stören! Die Bibel stellt klar, daß Gottes Hauptsorge seinen Kindern gilt – daß sie einander lieben und miteinander auskommen. Konflikte, so die Bibel, wird es immer geben, aber wir sollten peinlich darauf achten, sie nicht durch unser Verhalten heraufzubeschwören (vgl. Lukas 17,1). Nur zu oft machen wir eine Situation noch schlimmer durch die egoistische Art, in der wir auf ein Problem reagieren. Wir nehmen die Sache in die eigenen Hände, statt sie in Gottes Hände zu legen.

Viel wichtiger als unser persönliches Wohlergehen ist, zu welchem Zweck Gott Probleme in unserem Leben zuläßt. Die Konflikte, die wir mit unseren Mitmenschen durchleiden, sollen unserem eigenen Besten dienen. Konflikte halten uns demütig, machen uns geduldiger und formen unseren geistlichen Charakter. Wenn wir jedoch zu negativ auf einen Konflikt reagieren, können wir unsere Lektion nicht lernen – und müssen sie wiederholen. Wenn wir das, was Gott uns durch eine Situation sagen will, einfach nicht hören, kann es sein, daß er uns neue Probleme zumutet. Das ist es, was die Bibel meint, wenn sie sagt: »Gott widersteht den Hochmütigen, aber den Demütigen gibt er Gnade« (Jakobus 4,6). Gott führt uns nie in die völlige Niederlage, wenn wir demütig bereit sind, uns von ihm etwas sagen zu lassen. Im Gegenteil: Gerade dann erfahren wir seine Gnade, gerade dann streckt er uns seine Hand entgegen, da, wo wir es am meisten brauchen.

> Vergessen Sie nicht: Gott ist größer als Ihr größtes Problem. Er kann die schlimmsten Situationen zum Besten dienen lassen.

Aber bis es dahin kommt, suchen wir diese helfende Hand Gottes oft überhaupt nicht. Wir denken nicht an seine Gnade, die uns jeden Tag offensteht, wir vergessen, daß Gott die allerschlimmsten Konflikte zum Allerbesten wirken lassen kann, zu seiner Ehre und unserem Nutzen. Es ist nötig, daß wir wachsen und zu dem Punkt kommen, wo wir geistlich reif sind und uns nicht mehr von jedem kleinen Problem aus der Bahn werfen lassen.

Vergessen Sie nicht: Gott ist größer als Ihr größtes Problem. Er kann die schlimmsten Situationen zum Besten dienen lassen. Er weiß genau, was wir gerade am meisten brauchen, und steht bereit, es uns zu geben. Gott will, daß wir es lernen, positiv auf die Konflikte in unserem Leben zu reagieren (vgl. die Tabelle am Ende dieses Kapitels).

Mit Gottes Plan kooperieren

Lassen wir unser geistliches Wachstum und Gottes Wirken in unserem Leben nicht von unseren Konflikten sabotieren! Wenn wir ein Problem zu groß werden lassen, kann es uns leicht unsere Erlösungsfreude nehmen. Vergessen wir nicht, daß Römer 8,28 auch für uns gilt: »Wir wissen aber, daß denen, die Gott lieben, alle Dinge zum Besten dienen, denen, die nach seinem Ratschluß berufen sind.« Gott hat einen wunderbaren Plan für unser Leben, und wenn wir uns diesem Plan öffnen, wird Großes bei uns geschehen.

Die Bibel erinnert uns daran, daß wir bei unserer Bekehrung Kinder Gottes und Miterben Jesu Christi wurden. Gott gibt uns nicht nur die Segnungen seines Geistes, sondern auch alles andere, was zu einem Sohn bzw. einer Tochter des Höchsten gehört. Er tut für uns, was wir nie selber tun könnten! Kein Wunder, daß der Abschnitt in Römer 8 mit diesen Worten endet: »Wer will uns scheiden von der Liebe Christi? Trübsal oder Angst oder Verfolgung oder Hunger oder Blöße oder Gefahr oder Schwert? ... Aber in dem allen überwinden wir weit durch den, der uns geliebt hat« (Römer 8,35.37).

Der Sieg ist bereits gewonnen! Wir müssen nur noch lernen, wie wir ihn ganz für uns in Anspruch nehmen. Wir müssen lernen, aktiv und positiv und nicht passiv oder negativ auf unsere Lebenskonflikte zu reagieren. Es braucht Glauben, um sich in der Konfrontation mit den Menschen, Problemen und Situationen dieses Lebens auf die Verheißungen in Gottes Wort zu stellen. Aber Gott sagt klar, daß seine Augen durch die ganze Welt streifen, um denen zu helfen, die bereit sind, ihn beim Wort zu nehmen und im Glauben zu handeln (2. Chronik 16,9).

Das Rechte tun

Wer Probleme lösen will, muß Entscheidungen treffen. Ein Problem geht selten von alleine weg; gewöhnlich müssen wir etwas tun, um es wegzubekommen. Aktives, auf biblische Prinzipien gegründetes Handeln ist nötig, wenn Konflikte gelöst werden sollen. Lernen Sie Problemlösung nach Gottes Methode. Wenn Sie das tun, was recht ist, wird er es segnen.

Zum Schluß: Vergessen wir nicht, daß das Gegenteil von Konflikt Gemeinschaft ist. Nur wenn der Konflikt aufhört, kann die Gemeinschaft wiederhergestellt werden. Warten Sie nicht, bis der andere zu Ihnen kommt – gehen Sie zu ihm, freundlich und in Liebe, um Versöhnung zu suchen. Tun Sie es so bald wie möglich – am besten noch heute!

Übersicht: Wie reagiere ich biblisch?

Situation	Die passive Reaktion *Dies ist keine biblische Reaktion* (1. Korinther 16,13; Kolosser 2,5).	Die aggressive Reaktion *Dies ist keine biblische Reaktion* (Johannes 13,35; Römer 12,17).	Die positive Reaktion *Dies ist eine biblische Reaktion* (1. Petrus 5,9; 1. Thessalonicher 5,14)
Größere persönliche Prüfungen.	»So wie Gott sich verhält, bin ich ihm wohl egal.«	»Man kriegt halt das, was man verdient hat, und Gott ist der Richter darüber.«	»Gott ist gerecht in allem, was er tut, aber er ist auch gnädig und barmherzig und will uns helfen, Christus ähnlicher zu werden.«
Der Christ als Zielscheibe unfairer oder nichtakzeptabler Handlungen anderer.	»Ich tue halt so, als sei nichts gewesen – immer schön lächeln.«	»Wehe, du machst das noch mal! Von dir laß' ich mir nichts gefallen!«	»Es gibt ein Problem zwischen uns, und bestimmt meinst du doch auch, daß wir es so schnell wie möglich anpacken und bereinigen sollten.«
Situationen, die Barmherzigkeit gegenüber einem Mitmenschen verlangen.	»Du bist der wichtigste Mensch, den es für mich gibt, und ich bin ein Lump, wenn ich dich nicht glücklich machen kann.«	»Gefühlsduselei ist nicht mein Fall.«	»Ich kann dich und deinen Schmerz gut verstehen, und ich werde dich nicht links liegen lassen, sondern dir helfen so gut ich kann.«
Situationen, die Teamarbeit mit einem anderen verlangen, um ein Ziel zu erreichen.	»Ich tue alles, was du von mir erwartest, und wenn ich es nicht schaffe, werde ich ein schlechtes Gewissen haben.«	»Ich erwarte von dir, daß du meine Erwartungen 100 Prozent erfüllst – mit weniger bin ich nicht zufrieden.«	»Ich bin für mich selber verantwortlich und werde dich für dich selber verantwortlich sein lassen. Gemeinsam sind wir ein starkes Team für Gott.«
Situationen, die ehrliche Kommunikation verlangen, die das Risiko der Offenheit eingeht.	»Ich werde nichts sagen, was dich aufregen könnte, und nichts in meinem Leben für mich behalten.«	»Ich weiß, was das Beste für dich ist, und werde dich nur annehmen, wenn du dich meiner Meinung anschließt.«	»Ich schätze dich und deine Meinungen. Ich werde ehrlich zu dir sein und danke dir für deine Ehrlichkeit, wenn wir jetzt versuchen, offen miteinander zu reden.«

Kapitel 7

Wenn ich am liebsten aufgeben will

Bob und Tonya waren seit sechs Jahren verheiratet, als sie ihm eröffnete, daß sie ihn verlassen wollte. Bob war fix und fertig. »Was ist denn bei uns so schlimm?«

»Alles!« schnappte Tonya. »Ich kann nicht mehr so leben.«

»Kann ich dir nicht helfen?« fragte Bob verzweifelt.

»Null Ahnung«, antwortete sie. »Ich geb's auf!«

Später kam heraus, daß Tonya sich bereits in einen anderen verliebt hatte; es war nicht das erste Mal gewesen.

Seit Adam und Eva werden wir Menschen versucht. Lieber Leser, Ihr Kampf mit der Versuchung ist nichts Besonderes. Es handelt sich um ein universales Problem.

Die Quelle der Versuchung

Einer der Hauptgründe dafür, daß die Menschen nicht zurechtkommen mit dem Problem der Versuchung, ist, daß sie sich weigern, die eigentliche Quelle ihrer Versuchungen zu sehen: sie selber! Tatsache ist: Unser ärgster Feind sind wir selber. Versuchungen kommen gewöhnlich weder von Gott noch vom Teufel, sondern in den meisten Fällen beginnt die Versuchung in unserem Herzen, wo unsere Gelüste uns locken. Doch nur zu oft will sich der Christ nicht eingestehen, daß er mit der Sünde spielt – bis es zu spät ist.

Schieben Sie nicht den Teufel vor ...

Die einfachste Methode, unserer eigenen Verantwortung für unsere Sünde auszuweichen, ist, sie auf den Teufel zu schieben. Viele Menschen behaupten, daß sie sich nicht gegen ihre Versuchung wehren können: »Ich mußte das einfach machen, der Teufel hat mich gezwungen.«

Wie jene Dame, die es durchaus ehrlich meinte, als sie ihrem Seelsorger sagte: »*Ich* schreie meinen Mann eigentlich überhaupt nicht an, das ist der Teufel.«

Der Seelsorger erwiderte: »Ich kann nicht dem Teufel verbieten, Ihren Mann anzuschreien, aber ich kann *Sie* bitten, endlich damit aufzuhören.«

Der Satan ist *nicht* allgegenwärtig; er ist ein begrenztes, geschaffenes Wesen, und wahrscheinlich haben Sie noch nie mit ihm persönlich zu tun gehabt. Darüber hinaus ist ein gläubiger Christ nicht mehr unter der Kontrolle des Satans. Es mag sein, daß er uns von außen plagen kann (und auch das nur mit Gottes Erlaubnis, vgl. Hiob 1,12), aber er hat keinen Anspruch mehr auf unser Leben, seine Macht ist zerbrochen unter dem siegreichen Tod und der Auferstehung Christi. Wie sehr er es auch versuchen mag, der Teufel kann nicht in Sie hineingehen und Ihren Willen, Ihre Gedanken oder Ihre Gefühle beherrschen.

Der Seelsorger brauchte fast zwanzig Minuten, um der Frau zu zeigen, daß sie selber für ihre Anschreierei verantwortlich war. Schließlich brach sie in Tränen aus: »Sie haben ja recht, ich war das selber, ich hab ihn selber angeschrien!«

»Gut«, antwortete der Seelsorger. »Schauen Sie, wir können Ihren Mann dazu bringen, daß er Sie nicht mehr nervt, und wir können dafür sorgen, daß Sie ihn nicht mehr anschreien, aber wir können nicht den Teufel stoppen.«

… oder Gott

In unserer Verzweiflung und unserem Frust können wir auch versucht sein, Gott die Schuld in die Schuhe zu schieben und zu sagen: *Warum tut Gott mir das hier an?* Doch die Bibel sagt eindeutig, daß Gott nicht der Urheber von Versuchungen ist: »Niemand sage, wenn er versucht wird, daß er von Gott versucht werde. Denn Gott kann nicht versucht werden zum Bösen, und er selbst versucht niemand« (Jakobus 1,13).

Gott mag dem Teufel erlauben, uns zu versuchen, aber selbst dann verheißt die Bibel uns: »Gott ist treu, der euch nicht versuchen läßt über eure Kraft« (1. Korinther 10,13). Es gibt mithin keine Entschuldigung für Versagen oder Niederlagen; wir sollten uns an die eigene Nase fassen, wenn wir fallen. Und wenn Gott über solche Menschen wie Abraham, Hiob, Mose, David und Paulus Versuchungen kommen ließ, wer sind wir, daß wir für uns etwas Besseres erwarten?

Der Kampf beginnt in unserem Denken

Die Bibel sagt uns klar, daß das, was wir denken (griech. *logizomai*), nicht nur unser Verhalten bestimmt, sondern auch unser Sosein widerspiegelt: »Aus dem Herzen kommen böse Gedanken, Mord, Ehebruch, Unzucht, Diebstahl, falsches Zeugnis, Lästerung« (Matthäus 15,19). Jeder Christ weiß, wie es ist, unter Lust, Haß, Gier, Eifersucht oder Neid versklavt zu sein – lauter Gifte für die Seele. Der Apostel Paulus schrieb:

»Weiter, liebe Brüder: Was wahrhaftig ist, was ehrbar, was gerecht, was rein, was liebenswert, was einen guten Ruf hat, sei es eine Tugend, sei es ein Lob – darauf seid bedacht!« (Philipper 4,8).

Hier sieben Richtlinien, die Ihnen helfen können, Ihr Gedankenleben zu reinigen:

1. Geben Sie zu, daß Sie ein Problem haben. Man wird die Sünde nicht dadurch los, daß man sie mit klugen Erklärungen vertuscht. Egal, was für sündige Gedanken es sind, die uns da plagen, wir müssen sie Gott bekennen. Seien wir ehrlich zu dem, der unser Herz erforscht und unsere geheimsten Gedanken kennt. Lesen Sie 2. Samuel 12 oder Psalm 51 und erkennen Sie, wie wichtig es ist, seine Sünde vor Gott offenzulegen.

2. Trauen Sie es Gott zu, daß er Ihr Gedankenleben ändern kann. Es gibt keine zweifelnden siegreichen Christen. In Hebräer 11,6 erfahren wir, daß wir Gott ohne Vertrauen nicht gefallen können. Wenn wir ihn um Kraft oder Weisheit bitten, dann müssen wir ihm auch zutrauen, daß er sie uns geben kann. »Gepriesen sei der Herr, Tag für Tag! Gott trägt uns, er ist unsre Hilfe. Gott ist ein Gott, der uns Rettung bringt, Gott, der Herr, führt uns heraus aus dem Tod« (Psalm 68,19-20 Einheitsübers.).

3. Betrachten Sie sich ehrlich und gründlich in Ihrem inneren Spiegel. Gott segnet keinen Christen, der ihm etwas verheimlicht. »Wenn ich etwas Unrechtes vorgehabt hätte in meinem Herzen, so hätte der Herr nicht gehört« (Psalm 66,18). Wenn wir innerlich erneuert werden wollen, müssen wir knochenehrlich sein – vor Gott und uns selber. Ziehen Sie alle Gedanken, die Gott nicht gefallen, ans Licht.

4. Liefern Sie sich Gott völlig aus. Wir müssen an einen Punkt kommen, wo es uns vor uns selber ekelt. Dies ist der Punkt, wo Gott darauf wartet, daß der Christ ganze Sache mit ihm macht, also sein ganzes Denken an der Bibel auszurichten beginnt. David hat dies so ausgedrückt: »Dein Wort ist wie ein Licht in der Nacht, das meinen Weg erleuchtet. Was du in deinem Wort festgelegt hast, das will ich tun ... Entschlossen will ich mich an deine Ordnungen halten, solange ich lebe« (Psalm 119,105-106.112 Hoffnung für alle).

5. Seien Sie bereit, sich zu ändern. Jesus hat den in seinem Glaubensleben stagnierenden Christen mit einem alten Weinschlauch verglichen – unflexibel, unfähig, neuen Wein zu halten (vgl. Matthäus 9,17). Christen, die innerlich eng und selbstgefällig geworden sind, sind besonders anfällig für ungeistliche Gedanken. Wir müssen Schluß machen mit diesen Gedanken. Gottes Ziel für uns ist die vollkommene Heiligkeit, die sein Sohn uns vorgelebt hat.

6. Sehen Sie Gott als Ihre einzige Hilfe. Wir leben in einer Gesellschaft der Überflieger und Macher. Selbst Christen vergessen manchmal, daß nur Gott uns erretten kann. Schon David wußte es: »Menschenhilfe ist nichts nütze« (Psalm 60,13), und: »Schüttet euer Herz vor ihm aus; Gott ist unsre Zuversicht« (Psalm 62,9).

7. Innere Erneuerung ist ein Vollzeit-Job. Römer 12,2 fordert uns auf, uns zu ändern »durch Erneuerung eures Sinnes«. Aber wir müssen aufpassen. Ein täglicher Termin mit Gott und seinem Wort ist ein unbedingtes Muß. Werden Sie oft von bösen oder schmutzigen Gedanken geplagt? Suchen Sie eine passende Bibelstelle heraus und zitieren Sie sie innerlich, wenn der Gedanke wieder kommt. Fangen Sie an, die Bibel auswendig zu lernen – vielleicht drei oder vier Verse pro Tag. Lernen Sie Bibelmeditation, bitten Sie den Heiligen Geist um seine Hilfe und Erleuchtung. Bitten Sie Gott, Ihnen sein Wesen zu offenbaren, versuchen Sie, ihm mit jedem Gedanken, jeder Tat näherzukommen.

Wenn Sie diese sieben Schritte anwenden, werden Sie merken, wie Ihr Denken Christus immer ähnlicher wird. Es geht hier um viel. Sie haben die Wahl: Sie können Ihr Denken durch Gottes heiliges Wort reinigen lassen, und Sie können es den unreinen Gedanken preisgeben, die von Gottes und unserem alten Feind, dem Satan, kommen.

Sieg über Versuchung ist möglich

In 1. Korinther 10 erinnert Paulus seine Leser daran, wie die Israeliten in der Wüste versucht wurden. Gott hatte an den meisten von ihnen keinen Gefallen, so daß sie in der Wüste umkamen (V. 5). Dies, so Paulus, geschah als warnendes Beispiel für uns (V. 6-10). Wir sollten uns hüten vor:

- Lust auf das Böse
- Götzendienst
- Unzucht
- Christus versuchen
- Murren.

Der erste Schritt zum Sieg über die Versuchung besteht darin, daß wir unserer Sünde und ihren schrecklichen Folgen nüchtern ins Gesicht sehen. Nur zu oft verharmlosen wir ja die Sünde – und werden gerade dadurch ihr Opfer. Gott sieht Sünde nicht als Kavaliersdelikt, sondern als Aufbegehren gegen sein Gesetz. Wenn wir Gottes Rezept zur Überwindung der Versuchung folgen, können wir die Fallgruben der Sünde vermeiden.

1. Gestehen Sie es sich ein, daß Sie versucht werden. Seien Sie sich über Ihre Gefühle im klaren. Treten Sie der Versuchung entgegen, beschließen Sie, etwas dagegen zu *tun!*

2. Bekennen Sie vor Gott, daß Sie versucht werden. Wir müssen Gott nicht nur unsere »fertigen« Sünden bekennen, sondern bereits das *Verlangen,* zu sündigen. Denken Sie daran: Gott sieht alles, was wir tun. Und was wir denken (vgl. Psalm 139,2). Laufen Sie im Gebet zu ihm und bitten Sie ihn um seine Hilfe – jetzt, bevor Sie sündigen!

3. Suchen Sie die Hilfe eines gläubigen Freundes. Zwei Arten von Freunden sollten Sie besser meiden: den Harten, Überstrengen und den Allzunachsichtigen. Gehen Sie zu jemandem, der Ihnen helfen kann, der Sünde den Rücken zu kehren, ohne daß er Ihnen den Rücken kehrt. Bitten Sie ihn, mit Ihnen zu beten. »Einer trage des andern Last« (Galater 6,2).

4. Lassen Sie keine Ausreden gelten. Die Bibel verheißt uns: »Bisher hat euch nur menschliche Versuchung getroffen« (1. Korinther 10,13). Andere haben ihre Versuchungen auch überwunden – warum sollte das bei Ihnen anders sein? Sünde ist Sünde. Hören Sie auf, herumzugrübeln, was Sie tun sollen oder wie stark die Versuchung ist, und tun Sie das, was recht ist! »Widersteht dem Teufel, so flieht er von euch« (Jakobus 4,7).

5. Trauen Sie es Gott zu, daß er Ihnen den Sieg gibt. Er ist treu! Wenn Sie ihm wirklich glauben, werden Sie sich beim Kampf mit Ihrer Versuchung keine Hintertüren offen lassen. Sie können nicht erwarten, daß Gott Ihnen hilft, wenn Sie gleichzeitig vorhaben, ihm ungehorsam zu sein.

6. Nutzen Sie die Fluchtwege! Spielen Sie nicht mit dem Feuer, indem Sie versuchen, so nahe wie möglich an der Quelle der Versuchung zu leben. Laufen Sie so weit weg von ihr wie möglich!

Wenn ich leiden muß

Betty war eine großartige Ehefrau und Mutter und eine fromme Christin, aber ihre letzten Tage im Kampf mit dem Krebs waren herzzerreißend. Sie rang um jeden Atemzug in diesen letzten Augenblicken ihres Lebens. Man konnte sie nicht ansehen, ohne sich zu fragen: »Warum?«

Eine der schwierigsten Versuchungen ist die des Leidens. Jedesmal, wenn wir glauben, unschuldig zu leiden, sind wir versucht, Gottes Gnade und Weisheit für unser Leben in Zweifel zu ziehen.

Die Bibel stellt klar fest, daß es nicht immer Gottes Wille ist, unsere Krankheiten zu heilen, ja daß er manchmal Leiden als Werkzeug benutzt, um bestimmte Eigenschaften in unserem Leben hervorzubringen. Der Apostel Paulus war mit Leiden und Schmerzen wohlvertraut; in 2. Korinther 1,3-4 nennt er Gott den »Gott allen Trostes, der uns tröstet in aller unserer Trübsal, damit wir auch trösten können, die in allerlei Trübsal sind«. Hier sehen wir einen Sinn hinter dem Leiden: Unser Leid hilft uns, anderen in ihrem Leid zu helfen.

Leiden hat einen Sinn

In Gottes Handeln mit seinen Kindern ist kein Leiden sinnlos. Für den Christen müssen letztlich »alle Dinge zum Besten dienen« (Römer 8,28). Um unsere Situation voll annehmen und über jede Schwierigkeit siegen zu können, müssen wir stets glauben, daß Gott größer ist als unsere Umstände.

Es gibt kein Problem, das zu groß für Gott wäre. Wenn wir zu problembewußt werden, hören wir auf, christusbewußt zu sein. An seinen Problemen zu verzweifeln heißt eigentlich, an Gott zu zweifeln. Wir schauen auf unsere Schwierigkeiten und bilden uns ein, daß Gott uns verlassen hat oder gegen uns ist. In Wirklichkeit ist er immer *für* uns (Römer 8,31).

> Es gibt kein Problem, das zu groß für Gott wäre.

Selbst die schlimmste menschliche Tragödie kann zum Besten dienen, wenn wir sie im Lichte der Ewigkeit sehen. Unsere so kurzsichtig-irdische Brille macht uns ja oft blind für Gottes große Ziele. Der Tod Jesu Christi schien ein furchtbarer Fehler zu sein – bis zu seiner Auferstehung. Für ein Kind Gottes ist der Tod nie die Katastrophe aller Katastrophen. Die Bibel erklärt: »Kostbar ist in den Augen des HERRN der Tod seiner Frommen« (Psalm 116,15 Elbf.).

Vor einigen Jahren wurde eine liebe Christin zu Grabe getragen, die nach vielen Krankheitsjahren gestorben war. Viele Menschen fanden es grausam, daß Gott diese gute Frau so viel hatte leiden lassen. Aber in all ihrem Leiden war ihre Liebe zu Gott nie ins Wanken gekommen. Auf der Beerdigung las der Pastor den Text vor: »Denn ich bin überzeugt, daß dieser Zeit Leiden nicht ins Gewicht fallen gegenüber der Herrlichkeit, die an uns offenbart werden soll« (Römer 8,18).

In den nächsten Jahren benutzte Gott das unerschütterliche Zeugnis dieser Frau, um ihren Kindern und Enkeln zu zeigen, wie wichtig es ist, Christus nachzufolgen. Jedesmal, wenn einer von ihnen versucht war, sich vom Willen

Gottes abzuwenden, zog die Erinnerung an ihr Leben und Zeugnis ihn wieder zurück. Noch aus dem Grab sprach sie zu ihnen.

Warum leiden Christen?

Leiden ist manchmal eine Folge von Ungehorsam gegenüber Gott. Manchmal haben wir unser Leiden tatsächlich verdient, wie etwa Apostelgeschichte 5,3-11 und 1. Korinther 11,28-31 zeigen. Doch die Bibel stellt auch klar, daß nicht alles Leiden die Folge von Sünde ist. Hiob litt nicht wegen seiner Sünde, sondern als eine Lektion für seine Freunde und den Teufel!

Der Apostel Paulus erlebte Schläge, Steinigung und Schiffbruch – alles für das Evangelium. Immer wieder haben große Heilige Verfolgung erlitten, damit die Kirche wachsen konnte. Missionare haben buchstäblich unter Einsatz ihres Lebens das Evangelium in die fernsten Enden der Erde getragen. Nein, längst nicht alles Leiden ist ein Gericht Gottes über Sünde. Leiden hat viele »Ursachen«, und alle hat Gott letztlich im Griff. Der Teufel konnte Hiob nur mit Gottes Erlaubnis anrühren (Hiob 1,12; 2,6).

Der Sinn des Leidens ist vielfältig:

Sinn des Leidens	**Bibelstellen**
Warnung vor den Folgen der Sünde	1. Korinther 11,28-31
Uns in unserer Schwäche Christus ähnlicher machen	Römer 12,1-2; 1. Petrus 4,12-13
Stärkung unseres inneren Menschen durch beharrliche Nachfolge	Römer 5,3
Uns fähig machen, mit anderen mitzuleiden und ihnen zu helfen	2. Korinther 1,4
Den Schwachen im Glauben ein Zeugnis sein	2. Korinther 1,6
Den Unerlösten die Realität der Gnade demonstrieren	2. Korinther 4,11; 6,3-5

Gottes Plan

Als Menschen neigen wir dazu, jeden Umstand unseres Lebens aus einer egoistischen, zeitlichen Perspektive zu betrachten. Unser himmlischer Vater dagegen wirkt aus einer göttlichen, ewigen Perspektive. Er weiß genau, was für Folgen ein Ereignis haben wird, bis weit in die Zukunft hinein.

Wir alle kennen die Geschichten, wo Christen durch ein Wunder aus großer Gefahr gerettet wurden. Aber vergessen wir nicht die vielen, die nicht eine solche Rettung erfahren haben! Im Laufe der Jahrhunderte haben Millionen ihren Glauben an Christus mit dem Tod bezahlen müssen. Warum bewahrt Gott die einen, und die anderen nicht?

Die letzte Antwort darauf liegt in Gottes Allmachtshandeln verborgen. Niemand leidet freiwillig. Wir können Gott nicht in die Karten gucken, wir können uns unsere Leidenszeiten nicht aussuchen. Tatsache ist, daß Gott das Leiden dann in unser Leben hineinläßt, wenn wir es am meisten brauchen. 2. Timotheus 3,12 erinnert uns: »Alle, die fromm leben wollen in Christus Jesus, müssen Verfolgung leiden.« Und es war das Gebet des Paulus, daß die Gemeinde in Korinth das Leiden lernen würde: »Und unsre Hoffnung steht fest für euch, weil wir wissen: wie ihr an den Leiden teilhabt, so werdet ihr auch am Trost teilhaben« (2. Korinther 1,7).

Gottes Gnade genügt

Der Apostel Paulus hatte ein Problem. In 2. Korinther 12, 7-9 spricht er von einem »Pfahl im Fleisch«. »Seinetwegen habe ich dreimal zum Herrn gefleht, daß er von mir weiche. Und er hat zu mir gesagt: Laß dir an meiner Gnade genügen; denn meine Kraft ist in den Schwachen mächtig.« Bei Paulus verherrlichte Gott sich, indem er ihm das Leiden beließ, und nicht, indem er es wegnahm.

Wir alle danken Gott, wenn er einen unserer Lieben wunderbar geheilt hat. Aber da sind auch die vielen, die nicht geheilt worden sind; einige sind schon im Himmel. In beiden Fällen, ob durch Leben oder durch Tod, ist Gott verherrlicht worden. Im Angesicht von Schmerz und Leid müssen wir immer unsere Gesichter zum Himmel hinwenden, um Gottes allgenügende Gnade entgegenzunehmen.

Für den Christen gibt es kein verlorenes Leben, sondern nur ein Investieren in die Ewigkeit.

Hilfe in der Not

Die Nöte, die in das Leben eines Christen hereinbrechen, kann man nach ihren Zielen in drei Kategorien einteilen:

- Versuchungen – um uns zu Fall zu bringen (das Ziel des Teufels),
- Drangsale – um uns stärker zu machen (in der Welt),
- Prüfungen – um uns innerlich aufzubauen (Gottes Ziel).

Jede Not, die in unser Leben kommt, gehört in eine dieser drei Kategorien. Der Teufel will uns natürlich vernichten und unser christliches Zeugnis auslöschen. Drangsale dagegen sind das unvermeidliche Ergebnis einer gefallenen Welt. Jeden Tag wird die Geduld und das Durchhaltevermögen von Christen wie Nichtchristen auf die Probe gestellt, aber nur der Christ weiß darum, daß seine Prüfungen ein Werkzeug Gottes sind. Manche unserer Probleme kommen von Gott; sie sollen dazu dienen, bestimmte Eigenschaften der Heiligung und Christusähnlichkeit in uns aufzubauen, die auf anderem Wege nicht zu erreichen wären. Die auf der nächsten Seite folgende Tabelle vergleicht diese drei Quellen von Not und Leid etwas systematischer:

Kategorie	Quelle	Not	Bibelstellen	Ziel
Versuchungen	Satan	Griech. *Peirasmos,* ein gewolltes Ereignis, um uns zu überwältigen oder zu zerstören	1. Korinther 10,13	Die Gemeinschaft des Gläubigen mit Gott *behindern*
Drangsale	Die Welt	*Thlipis,* ein den einzelnen umgebender Druck *Pathema,* ein aus uns selbst kommender Druck *Kakoucheo,* ein von außen gegen uns gerichteter Druck	1. Petrus 1,7 1. Petrus 4,12	Die Fähigkeit des Gläubigen, Rückschlägen zu widerstehen und Hindernisse zu überwinden, *verbessern*
Prüfungen	Gott	*Purosis,* Prüfung durch Feuer	2. Korinther 1,5 2. Thessalonicher 1,4 Hebräer 13,3	Mehr von dem Wesen Christi in dem Gläubigen *aufbauen*

Vier Mißverständnisse über das Leiden

Mißverständnis 1: »Wenn ich Probleme habe, bin ich nicht fromm genug.« Ein Gang durch die Bibel zeigt rasch, daß Gottes beste Freunde oft durch die größten Nöte gehen. Not ist oft Gottes Werkzeug, um den Gläubigen zu vervollkommnen.

Mißverständnis 2: »Lies die Bibel, und alle deine Probleme werden gelöst.« Gottes Wort lesen oder hören ist nicht dasselbe wie ihm *gehorchen*. Gebet und Beharrlichkeit sind nötig, um das Wort in unserem Leben lebendig zu machen. Beim Lesen und Nachsinnen über Gottes Wort brauchen wir unbedingt das Wirken seines Geistes.

Mißverständnis 3: »Die Antworten auf meine sämtlichen Probleme stehen in der Bibel.« Die Bibel ist Gottes unfehlbares Wort, aber sie zeigt uns nicht, wie man Zündkerzen auswechselt oder einen Parkplatz in Hamburg findet. Die Bibel behandelt die tieferen Aspekte des Lebens – das Wesen und die Pflichten des Menschen –, und wer sich diesen Aspekten stellt, wird anschließend auch besser mit seinen kleineren Problemen umgehen können.

Mißverständnis 4: »Christen haben keine Probleme.« Ein lächerlicher Satz, aber leider entspricht er den stillschweigenden Erwartungen vieler Christen. Wenn Jesus in Johannes 10,10 sagt: »Ich bin gekommen, damit sie das Leben und volle Genüge haben sollen«, meint er damit nicht, daß jeder Christ bei seiner Bekehrung eine narrensichere Rüstung gegen alle Eventualitäten des Lebens bekommt, sondern er verspricht Erfüllung im Leben – eine Erfüllung, die durch gute und durch schwierige Tage kommt und die immer das Ziel hat, uns ihm ähnlicher zu machen. Die Bibel sagt uns, daß Gott es über gute und böse Menschen regnen läßt – und genauso haben Christen wie Nichtchristen ihre Probleme zu tragen.

Ein Sieben-Punkte-Plan

1. *Vertiefen Sie Ihre Kommunikation mit Gott.* Wir alle haben eine gewisse Kommunikation mit Gott. In schwierigen Zeiten ist es wichtig, diese Kommunikation zu vertiefen – durch mehr Bibelstudium, Auswendiglernen der Bibel, Nachsinnen und Gebet.

2. *Verringern Sie Ihre schwachen Stellen.* Zeiten der Not sind nicht der rechte Zeitpunkt, sich in noch mehr Arbeit und Aufgaben zu stürzen. Versuchen Sie lieber, Ihre geistlichen Verteidigungsmauern zu verstärken und Gottes Willen für Sie zu erkennen.

3. *Behalten Sie einen klaren Kopf.* Als US-Präsident Roosevelt mitten in der großen Wirtschaftskrise sein Amt antrat, erklärte er: »Das einzige, vor dem wir uns zu fürchten haben, ist die Furcht.« Wenn der Weg rauh wird, geraten Christen oft in Panik und treffen übereilte Entscheidungen. Gott weist uns in seinem Wort an: »Seid stille und erkennet, daß ich Gott bin!« (Psalm 46,11). Halten Sie inne, schauen Sie zu Gott auf, beten Sie.

4. *Hüten Sie Ihre Zunge.* Es bringt nichts, wenn Sie mit Ihrem Problem sofort in der ganzen Gemeinde und Nachbarschaft hausieren gehen. Gott wirkt meistens im stillen Kämmerlein unseres Herzens und über die Gebete von ei-

nigen gläubigen Freunden unseres Vertrauens. Lassen Sie Gott auf seine Art, im stillen wirken.

5. Suchen Sie weise Ratgeber. Die Bibel, vor allem die Sprüche Salomos, fordert uns auf, den Rat gottesfürchtiger Männer und Frauen zu suchen. Der gleiche Heilige Geist wohnt in allen Christen, und der Rat, den uns ein Bruder oder eine Schwester in Christus bringt, kann sehr wohl von ihm kommen. Aber wählen Sie Ihre Ratgeber weise. Schauen Sie sich ihr Leben an: Kennen sie den Herrn? Leben sie in ihrem Alltag mit ihm?

6. Lassen Sie sich etwas sagen. Viele Christen leiden unnötig, weil sie sich weigern zu lernen. Die Bibel sagt uns, daß Gott den Stolzen und Störrischen widersteht. Lernen Sie aus den Situationen, in die Gott Sie gestellt hat. Seien Sie nicht einer von denen, die dieselbe Lektion immer wieder lernen müssen.

7. Vertrauen Sie Gottes Zeitplan. Gott ist selten in Eile. Die Kinder Israel warteten 400 Jahre, bevor Gott sie aus Ägypten hinausführte. Auch wir müssen bereit sein zu warten. Gott wird auch in unserem Leben seinen Plan zu unserem Besten ausführen. Die Bibel erinnert uns, daß Gott das gute Werk, das er in uns angefangen hat, auch vollenden wird (vgl. Philipper 1,6).

Er gilt, der alte Satz, daß »Gott noch nicht mit mir fertig ist«. Wir sind noch nicht, was wir einmal sein werden, und vielleicht sind wir nicht, was wir sein sollten. Aber Gott sei gedankt, wir sind nicht mehr das, was wir waren, als Gott uns fand, und er arbeitet weiter an uns, um uns Christus ähnlicher zu machen.

Schreiben Sie Gott nicht ab, wenn Sie mitten im Kampf stehen ... Er wird Sie durchtragen, wenn Sie ihn am meisten brauchen.

Der Christ, der durch das Tal des Leidens geht, kann nicht immer verstehen, was Gott mit ihm vorhat. Vor einigen Jahren mußte ein Freund von mir durch ein furchtbares Krebsleiden. Er sagte: »Wenn die Leute mich fragten, was Gott mir durch meine Krankheit zeigen wollte, dachte ich immer: *Das weiß ich nicht – ich bin froh, wenn ich mein Leben habe!*«

Das Prinzip Hoffnung

Schreiben Sie Gott nicht ab, wenn Sie mitten im Kampf stehen. Oft verstehen wir erst später, wenn die Not vorbei ist, ihren Sinn.

Wie mein krebskranker Freund es sagt: »Wenn ich heute auf diese Zeit zurückblicke, sehe ich deutlich, daß Gott die ganze Zeit am Wirken war. Aber als ich mitten drinsteckte, war das nicht immer so klar. Manchmal waren die Schmerzen so furchtbar, daß ich nur noch daliegen und hoffen konnte.«

Hoffen! Manchmal ist das alles, was wir brauchen, um die Krise zu überstehen. Hoffnung bewahrt uns davor, an Gott zu verzweifeln, selbst da, wo wir an uns selber verzweifeln. Geben Sie nicht auf – Gott ist da; er wird Sie durchtragen, wenn Sie ihn am meisten brauchen.

Kapitel 8

Wie finde ich inneren Frieden?

Jean senkte ihren Kopf und schaute auf den Fußboden, während sie mit Linda sprach. »Ich fühle mich irgendwie so leer drinnen«, sagte sie. »Irgendwie läuft nichts mehr bei mir, ich stehe hilflos davor.«

»Kann ich dir helfen?« fragte Linda.

Jeans Augen füllten sich mit Tränen. »Ich weiß nicht, ob mir jemand helfen kann.«

Der Kampf mit dem Zweifel

Unsicherheit ist ein Gefühl, das wir alle kennen. Wenn jemand auf einem gefrorenen Teich steht und plötzlich das Eis krachen hört, wird er dieses Gefühl massiv erfahren. Was tun? Schnell ans Ufer rennen, um Hilfe rufen, beten oder vielleicht alles gleichzeitig? Menschen, die innerlich unsicher sind, erleben es oft, wie sie in heller Panik hin und her rennen oder auch vor Angst wie gelähmt sind.

Manche Menschen fühlen sich unsicher, weil sie sich für minderwertig halten. Sie spüren: »Ich komme mit den anderen nicht mit.« Aber wenn wir uns zu dem großen Vergleichsspiel hinreißen lassen, machen wir fast immer Minuspunkte. Es gibt immer jemanden, der größer, stärker, klüger oder schöner ist als ich.

Unsicherheit und Selbstbild

In unserem *Selbstbild* spiegelt sich die Art, wie wir uns selber bewerten. Ein schwaches Selbstbild (also eines, das auf Unsicherheit und Minderwertigkeit basiert) färbt auf unsere Einstellung zu uns selber, unseren Lieben, Freunden und zu Gott ab. Unsicherheit kann zu verschiedenen Verhaltensweisen führen, die unsere Probleme nur noch verschlimmern:

- Angst vor dem Willen Gottes.
- Aufbegehren gegen Autoritäten.
- Auf falsche Weisen Anerkennung suchen.
- Überbetonung des äußeren Erscheinungsbildes.
- Davon träumen, jemand anderes zu sein.

Der Apostel Paulus warnt uns ausdrücklich vor dem großen Vergleichsspiel (2. Korinther 10,12). Dieses Spiel ist immer schädlich – entweder, weil wir den Maßstab zu niedrig und uns selber zu hoch ansetzen oder weil wir uns unterbewerten und an einem Maßstab messen, den wir nie und nimmer erfüllen können. Es gibt immer jemanden, der »besser« ist als wir, worauf wir womöglich bitter werden und Gott die Schuld dafür geben, daß wir ach so schwach und klein sind.

Die Bibel lehrt ohne Wenn und Aber, daß jeder von uns ein von Gott erschaffenes Original ist. Wir sind, was wir sind – körperlich, geistig und geistlich –, weil Gott uns so haben wollte. In Psalm 139,14 ruft David aus: »Ich danke dir dafür, daß ich wunderbar gemacht bin; wunderbar sind deine Werke; das erkennt meine Seele.« David freute sich über Gottes Plan für sein Leben und machte ihm keine Vorwürfe. Er nahm Gottes Plan für sein Leben an – einschließlich seines Körpers.

Gottes Werk annehmen

Jeder Mensch ist eine Spezialanfertigung Gottes, mit der Gott etwas vorhat. Gott hat uns von Ewigkeit an geplant. In Psalm 139,15-16 heißt es: »Es war dir mein Gebein nicht verborgen, als ich im Verborgenen gemacht wurde, … Deine Augen sahen mich, als ich noch nicht bereitet war.«

Der Ausdruck »als ich noch nicht bereitet war« kommt aus dem Hebräischen und bedeutet »embryonische Masse« (Elbf.: »Urform«). Diese Bibelstelle sagt eindeutig, daß Gott meine Zeugung nicht dem Zufall überlassen hat – er hatte von Anfang an seine Hand im Spiel! In jenen winzigen Zellen war alles, was nötig war, um mich zu dem zu machen, was ich heute bin. Gott bestimmte, wie meine Zellen sich zusammenfügen würden, um mein körperliches Sosein zu gestalten. Er benutzte sie und ließ sie sich vermehren. Er hatte von Anfang an den fertigen Erwachsenen im Sinn – *mich*.

Jeder Mensch ist eine Spezialanfertigung Gottes, mit der Gott etwas vorhat.

Aus der Urform des Embryos sind die Glieder Ihres Körpers entstanden. Ihre Arme, Beine, Hände, ja auch Ihr Gesicht – Gott hat es alles aufgrund der Erbmasse Ihrer Eltern gestaltet. Es ist kein Zufall, daß Sie männlich oder weiblich sind – auch dies hat Gott so gewollt. Nehmen Sie sich so an, wie Sie sind, und Sie werden fähig werden, Gottes Willen für Ihr Leben anzunehmen. Alles Sichsorgen der Welt kann nicht ein einziges Haar an Ihrem Körper ändern. Wenn Sie glauben, daß Gott Sie von Ihrer Schuld erlösen kann, dann können Sie auch seinen Plan für Ihr Leben annehmen.

Mein Ich verstehen

Wenige Bereiche des christlichen Glaubens werden häufiger mißverstanden als die Sache mit unserem Selbstbild.

Einerseits fordert uns die Bibel zur Selbstannahme auf (Matthäus 22,39), andererseits verurteilt sie Stolz und Selbstgefälligkeit (Galater 6,3). Die richtige Balance ist ein Selbstbild, das darum weiß, daß unser Wert vor Gott ganz auf dem Sühnetod und der Auferstehung Jesu Christi beruht. Wer erlöst werden will, der muß Christi vollbrachtes Erlösungswerk persönlich annehmen. Obwohl wir nur Tonklumpen in Gottes Hand sind, können wir kostbare Gefäße des Dienstes für ihn werden. Keiner ist unbrauchbar, der Christus in seinem Leben hat!

Von Negativ zu Positiv

Fünf Dinge, die uns niederdrücken

»Niederdrücker« sind die Dinge in unserem Leben, die unsere Selbstachtung untergraben und zu einem negativen Selbstbild führen. Die folgenden fünf sind die schlimmsten:

1. Entmutigende Bemerkungen. Unsere Worte und Bemerkungen können einen anderen Menschen aufbauen oder zerstören. Selbst der Ton unserer Stimme verrät einiges darüber, wie wir über jemanden denken. Verletzende Bemerkungen können irreparable Schäden in der Seele eines Ehepartners oder Kindes anrichten. Werden Sie kein »Experte« in den Schwächen Ihrer Mitmenschen – konzentrieren Sie sich auf ihre Stärken.

Als Christen sind wir von Gott geliebt und angenommen. Er sieht ein enormes Potential in uns. Es ist weder weise noch fruchtbar, viel mit Menschen zusammen zu sein, die uns nur immer entmutigen. »Schlechter Umgang verdirbt gute Sitten« (1. Korinther 15,33) – das gilt auch für die Menschen, die immer nur das Haar in unserer Suppe suchen.

2. Unfaire Vergleiche. Unrealistische oder unfaire Vergleiche lassen uns oft überstreng gegenüber uns selber werden. Der eine braucht für den Ort, an den Gott ihn gestellt hat, diese Eigenschaften, der andere jene. Vergleiche führen nur zu *Stolz* oder *Selbstablehnung*. Im ersteren Fall halten wir unseren »Einflußbereich« für größer, als er tatsächlich ist, im letzteren halten wir ihn für wertlos und unbedeutend. Beide Einstellungen gefallen Gott nicht; er will, daß wir dort arbeiten und Frucht bringen, wo er uns hingestellt hat, und unsere Erfüllung im Tun seines Willens finden.

3. Negatives Denken. Oft kommen unsere Zweifel an unserem Wert aus früheren Erfahrungen. Es gibt Menschen, die sich und ihre Leistungen ständig unter den Scheffel stellen. Ob dies nun »angeboren« oder »erlernt« ist, die Folgen sind verheerend. Paulus warnte den jungen Timotheus nachdrücklich vor dieser Falle: »Niemand verachte dich wegen deiner Jugend; du aber sei den Gläubigen ein Vorbild ...« (1. Timotheus 4,12).

4. Leistungsüberforderung. Im Computerzeitalter kann der Druck, in Schule und Beruf Leistung zu bringen, unerhört stark sein. Es ist sicher richtig, daß wir arbeiten und unser Bestes geben sollten, doch zuviel Leistungsdruck kann unserem Selbstbild schweren Schaden zufügen. Jungen Leuten, die vielleicht besser mit den Händen als mit ihrem Kopf sind, kann es das Selbstvertrauen nehmen. Ermutigen Sie Ihre Kinder, das Beste aus ihren Anlagen und Fähigkeiten zu machen, aber zwingen Sie sie nicht über ihre natürlichen Grenzen hinaus. Setzen Sie ihnen keine unrealistischen Ziele, die vielleicht noch nicht einmal Sie erreichen könnten.

5. Übertriebene Erwartungen. Paulus war jemand, der sich in die Riemen legte, um Gottes Bestes für sein Leben zu erreichen. Er jagte den Zielen Gottes für sein Leben mit aller Kraft nach (Philipper 3,14). Er wußte aber auch, daß diese Ziele konkrete Gestalt in unserem Leben annehmen müssen. Zu hoch gesetzte Erwartungen pressen uns in die Zwangsjacke unerreichbarer Ideale und schwächen so unser Selbstvertrauen. Wir müssen beim Zielesetzen auf Gottes Stimme hören und uns vor unrealistischen Erwartungen hüten. Unsere Ziele sollten unseren Horizont erweitern – und doch erreichbar bleiben.

Fünf Dinge, die uns hochheben

So wie es Dinge gibt, die uns daran hindern, ein positives Selbstbild zu haben, so gibt es auch Einstellungen, die genau das Gegenteil bewirken. Wie diese fünf:

1. Gottes Plan annehmen. Der erste Schritt besteht darin, daß ich glaube, daß Gott mir das Zeug dazu gegeben hat, etwas Wunderbares für ihn zu werden. Wie sehr wir auch versagt haben oder an uns selber verzweifeln, wir sind immer noch nach Gottes Bild geschaffen! Wie ein Kind einmal sagte: »Der liebe Gott macht keinen Schrott!«

2. Gottes Willen erkennen und tun. Wenn Sie noch nicht Christus als Ihren persönlichen Retter und Herrn angenommen haben, dann tun Sie es jetzt; werden Sie ein Glied in Gottes Familie. Und dann fangen Sie an, das Wort Gottes zu Ihrem täglichen Brot zu machen, getreu der Aufforderung: »Wie ein neugeborenes Kind nach der Milch schreit, so sollt ihr nach dem unverfälschten Wort Gottes verlangen. Dann werdet ihr im Glauben wachsen und das Ziel erreichen« (1. Petrus 2,2 Hoffnung für alle). Mit Gott leben bedeutet Frucht bringen. Natürlich kann letztlich nur der Heilige Geist die Eigenschaften hervorbringen, die Gott in unserem Leben sehen möchte. In dem Maße, wie wir als Christen wachsen, werden wir mehr und mehr erleben, wie der Geist in uns wirkt – wie er Negatives auslöscht und es uns immer bewußter macht, daß wir ja jetzt geheiligte Gefäße in Gottes Hand sind.

3. Sich in das Leben anderer Menschen einbringen. Es gibt kein besseres Mittel gegen Selbstmitleid und Minderwertigkeitskomplexe als ein gesundes Sichkümmern um andere. Das Neue Testament zeigt uns Jesus und seine Apostel als Leute der ständigen Hingabe an die Mitmenschen. Keine Schwierigkeit, keine Not konnte sie davon abbringen. Noch in der Nacht vor seiner Kreuzigung betete Christus für die anderen; wir können in unseren Nöten das gleiche tun.

4. Arbeiten und nicht aufgeben. In Philipper 4,13 erklärt Paulus triumphierend: »Alles vermag ich durch den, der mir Kraft gibt« (Einheitsübers.). Er sagt dies nicht leicht dahin. Die junge Gemeinde in Philippi hatte ihr Quantum an Verfolgung und Mühen abbekommen. In solchen Situationen gibt es keine Alternative zu geistlichem Mut und Mumm. Paulus wußte darum, daß Gott ihn uns geben wird, damit wir das Ziel erreichen.

5. *Geduldig sein – weil Gott so viel Geduld mit uns* hat. Er trägt unser Versagen, vergibt unsere Sünden und hilft uns, reife Christen zu werden. Tatsache ist: Er will noch mehr als wir selber, daß wir das richtige Selbstbild bekommen. Er will uns geistlich reif machen – zu unserem eigenen Besten und zu seiner Ehre. Egal, wie lange dies auch dauern mag, er gibt nicht auf. Und wenn wir manchmal zu schnell voranlaufen wollen, müssen wir innehalten und auf Gott warten. Er weiß genau, was er tut.

Auf der Suche nach Geborgenheit

Geborgenheit erfahren wir dann, wenn wir uns Gottes Willen für unser Leben öffnen. Sie ist das gelassene Wissen darum, daß ein allweiser Gott nichts als unser Bestes will. Sein Wille ist in jeder Hinsicht *vollkommen* (vgl. Römer 12,2). Gott »erweist seine Liebe zu uns darin, daß Christus für uns gestorben ist, als wir noch Sünder waren« (Römer 5,8). Er, der uns so sehr liebt, daß er seinen Sohn opferte, um für unsere Sünden zu sterben, lädt uns ein, ihm als unserem persönlichen Heiland zu vertrauen und seine Kinder zu werden.

Geborgenheit kommt, wenn wir begreifen, daß Gott alles über uns weiß und uns trotzdem liebt. Wir können es lernen, uns über unser Versagen, unsere Schwächen, unsere Fehler und unsere Umstände zu erheben, weil wir persönlich den Gott kennen, der größer ist als unsere größten Ängste. Er liebt uns mit einer Treue, die uns nicht losläßt. Paulus ruft aus: »Wer will uns scheiden von der Liebe Christi? Trübsal oder Angst oder Verfolgung oder Hunger oder Blöße oder Gefahr oder Schwert? ... Aber in dem allen überwinden wir weit durch den, der uns geliebt hat« (Römer 8,35-37). Gottes Liebe ist eine Liebe, die uns nie losläßt.

Geborgenheit – die kommt nicht aus uns selber. Die Seele des Menschen hat nicht die Kraft, sie hervorzubringen. Geborgenheit gründet in dem Heiligen Geist – dem, der »unserem Geist Zeugnis gibt, daß wir Gottes Kinder sind« (Römer 8,16). Der Heilige Geist – das ist das Innewohnen Gottes in jedem wiedergeborenen Gläubigen. Mit ihm sind wir für Gott den Vater versiegelt, und unser Leben »ist verborgen mit Christus in Gott« (Kolosser 3,3). Wenn wir geistlich und persönlich in der Liebe Gottes geborgen sind, hat die Unsicherheit keinen Anspruch mehr auf unser Leben, sondern wir können jeder Lebenssituation in der Gewißheit gegenübertreten, daß Gott da ist, daß er alles in der Hand hat und daß er uns liebt!

Schritte zur Geborgenheit

1. Glauben Sie, daß Gott gut ist. Der Prophet Jeremia hat uns die klassische Formulierung der unveränderlichen Liebe Gottes zu seinen Kindern gegeben: »Denn ich weiß wohl, was ich für Gedanken über euch habe, spricht der HERR: Gedanken des Friedens und nicht des Leides, daß ich euch gebe Zukunft und Hoffnung« (Jeremia 29,11). Gott wird uns nicht nur durch die härtesten Wegstrecken unseres Lebens durchtragen, er will uns dabei auch seinen Segen geben.

2. Stellen Sie sich der Tatsache, daß wir voll verantwortlich für unser Tun sind. Das moderne Denken, das den Menschen zum Maß aller Dinge macht, leugnet diese Wahrheit und wälzt die Schuld auf unsere Erbmasse, Erziehung und alles mögliche andere ab. Die Bibel spricht eine andere Sprache; von ihrem ersten bis zum letzten Buch macht sie uns selber für unser Tun verantwortlich. Niemand kann uns unglücklich, wütend oder rebellisch *machen*; niemand kann uns zum Sündigen *zwingen*. Wir selber bestimmen darüber, wie wir auf das Leben antworten. Wir können wählen: Wollen wir Gott gehorchen oder nicht?

3. Glauben Sie, daß Gott Sie durch jede Lage hindurchbringen wird. Die Bibel besteht aus 66 Büchern, und alle bestätigen sie diese Verheißung. Wir müssen es uns im Glauben zu eigen machen: »Der HERR ist nahe allen, die ihn anrufen, allen, die ihn ernstlich anrufen. Er tut, was die Gottesfürchtigen begehren, und hört ihr Schreien und hilft ihnen« (Psalm 145,18-19).

Glaube ist die Bereitschaft, Gott im linden Wind des Wohlergehens wie in den kalten Stürmen der Not zu vertrauen. Glaube ist ein Fels der Stabilität und ein Schlüssel zur Tür der Fürsorge Gottes in unserem Leben. »Aber ohne Glauben ist's unmöglich, Gott zu gefallen; denn wer zu Gott kommen will, der muß glauben, daß er ist und daß er denen, die ihn suchen, ihren Lohn gibt« (Hebräer 11,6).

Das Wissen darum, wer wir in Christus sind, macht uns fähig, all das, was in unserem Leben als Teil seines Plans geschieht, anzunehmen. Sind wir erst einmal überzeugt, daß Gott uns liebt, werden wir bereit, uns seinem Willen für unser Leben anzuvertrauen.

Wenn die Eifersucht zuschlägt

Eifersucht ist eine Einstellung des Neides oder Grolls gegen seine Mitmenschen. Eifersüchtige Menschen sind gewöhnlich nervös und reizbar, ständig haben sie Konflikte mit irgend jemand. Sie setzen andere herab, um selber besser dazustehen. Oft sind sie argwöhnisch, stur und reden schlecht von anderen. Der Eifersüchtige gönnt dem anderen seine Erfolge nicht und hätte sie lieber selber.

Die Wurzel der Eifersucht ist das *Selbstmitleid.* Der Eifersüchtige bildet sich ein, daß er ständig zu kurz kommt. Er kann den Segen, den Besitz und die Gelegenheiten der anderen nicht ertragen. Eifersucht ist Egoismus pur. Sie lenkt unseren Blick auf die Äußerlichkeiten des Lebens: Geld, Stellung, Prestige, Sicherheit, Erfolg. Sie macht uns bitter, feindselig und rachsüchtig.

Beim Eifersüchtigen ist das große, dicke Ich außer Kontrolle geraten. Damit aber sind persönliche Konflikte vorprogrammiert. Der Eifersüchtige kann es nicht ertragen, wenn es den anderen gutgeht. Die Bibel fordert uns auf: »Freut euch mit den Fröhlichen und weint mit den Weinenden« (Römer 12,15). Der Eifersüchtige ist unfähig zu beidem. Da er sich weigert, sich über den Segen seiner Mitmenschen zu freuen, kann er auch nicht mit ihrem Schmerz mitfühlen.

Selbstmitleid ist selbstzerstörerisch

Selbstmitleid ist der Gipfel des Protestes gegen Gottes Vorsehung. Es ist die Weigerung, zufrieden zu sein mit dem, was Gott mir in meinem Leben gegeben hat. Es ist eine Selbstsucht, die auf das »Recht« pocht, mehr zu haben, mehr zu sein, mehr zu tun. Selbstmitleid führt früher oder später zu Auflehnung und Verzweiflung. Der Psalmist David bekennt, daß er fast strauchelte, als er eifersüchtig auf die Gottlosen wurde (Psalm 73,2-3).

Hinter dem Selbstmitleid versteckt sich unser Zorn auf Gott. Selbstmitleid ist die tiefste Ursache von Depression und Selbstmord. Es führt uns in sinnlose Grübeleien über die Umstände des Lebens. Es fixiert unser Denken auf das Negative und gaukelt uns vor, daß Besserung und Veränderung nicht möglich sind. Es macht unser Leben so elend, daß wir schließlich jede Freude an ihm verlieren. Die Kettenreaktion verläuft wie folgt:

Selbstmitleid → Zorn → Bitterkeit → Depression

Wird diese selbstzerstörerische Kettenreaktion nicht unterbrochen, führt sie einen in tiefe Verzweiflung. Der Selbstmitleidige ist wütend darauf, daß er nicht das ist, was er sein will. Solange wir immer nur mehr vom Leben verlangen, werden wir nie mit dem zufrieden sein, was wir haben. Der Eifersüchtige ist unfähig, eines der größten Güter im Leben zu finden: Zufriedenheit. Denn wahre Zufriedenheit kommt dann und nur dann, wenn wir nicht mehr auf unsere »Rechte« pochen.

Neid – der innere Feind

Eifersucht wird von Neid (griech. *phthonos* = »böser Wille«) verursacht, der dann zur Begierde führt. Der Neidische ist nie zufrieden. Er begehrt das, was andere haben, um seine eigenen Mängel egoistisch zu verstärken. Er sucht nur sein eigenes Wohlergehen und ist blind und taub für die Bedürfnisse der anderen. Auch der Neid ist ein Motor der Selbstzerstörung, mit folgender Kettenreaktion:

Neid → Begierde → Frustration → Feindseligkeit

Neid ist die Wut darüber, das ich nicht das habe, was ich will. Er kann unsere Seele förmlich auffressen, bis wir schließlich unsere Mitmenschen ohne jeden Grund hassen. Der Neidische neigt dazu, ausfällig zu werden – nicht immer nur mit Worten. Er glaubt, daß das Leben – also eigentlich Gott – ungerecht zu ihm ist, und will Gott dies heimzahlen, indem er die von ihm Gesegneten angreift.

Meine »Rechte« aufgeben

Sie werden Ihre Eifersucht und Neid erst loswerden, wenn Sie wahre Zufriedenheit gelernt haben. Die Therapie für Eifersucht ist radikal: Es gilt, sie an der Wurzel zu packen – am Selbstmitleid. Wir werden erst dann zufrieden sein können, wenn wir unsere sogenannten Rechte Gott hingelegt haben. Solange wir darauf beharren, daß wir ein »Recht« darauf haben, daß es uns besser geht, werden wir nie zufrieden sein.

Selbstmitleid erwächst aus dem Sichklammern an »mein gutes Recht«. Es versklavt uns an die Vergangenheit und hindert uns so daran, unser Zukunftspotential zu entfalten. Die Eifersucht und ihre beiden Schwestern, der Neid und die Bitterkeit, versauern uns das Leben. Sie lösen unsere Probleme nicht, ja sie hindern uns daran, die richtigen Lösungen zu finden.

1. Geben Sie Ihren Egoismus zu. Sehen Sie das Selbstmitleid als das, was es ist – als Sünde! Hören Sie auf, über Ihren Wunden und Enttäuschungen zu brüten. Sehen Sie ein, daß Ihr Selbstmitleid Ihr wehes Herz nicht heilen, sondern nur vollends zur Verzweiflung treiben wird.

2. Verleugnen Sie sich selbst. Eine der klarsten Bedingungen des Christenlebens ist, daß ich mich selbst verleugne, täglich mein Kreuz auf mich nehme und Christus nachfolge (Lukas 9,23). Das Leben ist ein Kampf mit unserem Ich. Suchen Sie den Sieg über alle selbstsüchtigen Begierden, geben Sie sich nicht mit weniger zufrieden.

3. Geben Sie Ihre Rechte auf. Hören Sie auf, auf sie zu pochen. Legen Sie sie Gott hin und nehmen Sie das, was er Ihnen dafür zurückgibt, als Vorrechte an. Eifersucht wird nicht durch unsere Umstände verursacht, sondern durch unsere Reaktion auf diese Umstände. Hören Sie auf, auf Ihre *Umstände* zu reagieren, und reagieren Sie statt dessen auf *Gottes Wirken* in Ihrem Leben. Wer das, was er sowieso nicht behalten kann, aufgibt, um zu gewinnen, was ihm keiner nehmen kann, der handelt weise.

4. Erkennen Sie, wer Sie in Christus sind. Als Gotteskind sind Sie ein Miterbe mit Christus und haben keinerlei Grund, neidisch zu sein. Was soll ich auf meinen Mitmenschen eifersüchtig sein, wenn Gott in mir lebt? Sie *haben* das ewige Leben, Sie gehen auf den Himmel zu! Da ist jeder Neid die reine Zeit- und Kraftverschwendung. In Christus sind wir Überwinder. Wir haben alle eines gemeinsam: Wir haben Hindernisse überwunden, um dorthin zu kommen, wo wir jetzt sind. Hören Sie also auf mit dem Selbstmitleid. Sie sind ein Kind des Königs – leben Sie auch so!

5. Fangen Sie an, anderen zu helfen. Die beste Methode, seine eigenen Probleme zu vergessen, ist, daß man jemand anderem bei den seinen hilft. Hören Sie auf, dauernd darauf zu warten, daß die anderen Sie segnen, und fangen Sie an, selber ein Segen zu sein. Segen bekommt, wer selber ein Segen ist. Entwickeln Sie eine positive Einstellung, die darum weiß, daß ihre Kämpfe anderen helfen können. Üben Sie es ein, die Last eines anderen zu tragen (Galater 6,2), und Sie werden merken, wie Ihre eigene leichter wird. Gott wird Ihnen die Kraft zum Überwinden von Neid und Eifersucht geben, wenn Sie das Geheimnis von Psalm 37,4 lernen: »Habe deine Lust am HERRN; der wird dir geben, was dein Herz wünscht.«

Wo gehöre ich hin?

Eines der schmerzlichsten Probleme des Lebens ist die Einsamkeit. Man kann von tausend Menschen umgeben und doch allein sein – allein mit sich selber, seinen Ängsten, Problemen, Bedürfnissen. Um einen herum quirlt das Leben, aber man fühlt sich ungewollt, ungebraucht, unwichtig. Wir denken: *Keiner versteht mich.* Oder, schlimmer noch: *Keiner mag mich.* Ohne einen Freund, der unsere Lasten mitträgt, erscheint das ganze Leben sinnlos.

Die Bibel sagt uns, daß Gott vor aller Ewigkeit in vollkommener Gemeinschaft mit sich selber war (1. Mose 1,26). Der Mensch wurde für die Gemeinschaft mit Gott erschaffen (1. Mose 2,7), aber dann sagte Gott: »Es ist nicht gut, daß der Mensch allein sei ...« (2,18), und er schuf die Frau als Helferin und Partnerin des Mannes. Die beiden, Mann und Frau, sollten in Gemeinschaft miteinander und mit Gott leben. Und schließlich gab Gott uns noch die Gemeinde, die dazu da ist, daß wir einander aufbauen.

Unsere Stellung vor Gott. In Gottes Augen bleibt unsere Stellung vor ihm immer die gleiche: »Meine Schafe hören meine Stimme, und ich kenne sie, und sie folgen mir; und ich gebe ihnen das ewige Leben, und sie werden nimmermehr umkommen, und niemand wird sie aus meiner Hand reißen. Mein Vater, der mir sie gegeben hat, ist größer als alles, und niemand kann sie aus des Vaters Hand reißen« (Johannes 10,27- 29).

In Römer 8,35-39 hören wir, daß nichts uns von Christi Liebe trennen kann. Doch manchmal scheint unsere Beziehung zu Gott gleichsam abzukühlen. Wir fühlen uns fern von ihm, und schließlich kommt sie, die Frage: *Liebt Gott mich vielleicht nicht mehr?* Wenn dies auch bei Ihnen so ist, dann ist nicht Ihre *Stellung* vor Gott das Problem (die ändert sich nie), sondern Ihre *Beziehung* zu ihm. Fragen Sie sich, wie es aussieht zwischen Ihnen und dem Herrn. Gibt es etwas, das Sie vor ihm zu verbergen versuchen? Suchen Sie täglich die Gemeinschaft mit ihm?

Unser Sinn und Ziel. Jeder will einen Sinn in seinem Leben haben. Viele Menschen, vor allem jüngere, erleben Phasen der Verunsicherung, in denen sie nicht recht wissen, wer sie sind und wohin sie unterwegs sind. Diese Menschen stecken in einer Sinnkrise. Oft erklären sie, daß ihnen das Leben sinnlos vorkommt. Sie wenden sich hilfesuchend an andere: »Wozu lebt man eigentlich?« Sehr wahrscheinlich ist auch der junge Paulus vor seiner Bekehrung durch eine solche Phase gegangen. Doch in Philipper 3,7-8 finden wir einen Mann, der mit allem Ernst das wahre Ziel seines Lebens verfolgt: »Aber seit ich Christus kenne, ist für mich alles ein Verlust, was ich früher als großen Gewinn betrachtet habe. Denn das ist mir klargeworden: Gegenüber dem unvergleichlichen Gewinn, daß Jesus Christus mein Herr ist, hat alles andere seinen Wert verloren. Ja, alles andere ist für mich nur noch Dreck, wenn ich bloß Christus habe« (Hoffnung für alle). Als Gottes Kinder dürfen wir gewiß sein, daß unser Leben einen Sinn hat.

Mitmenschen. Gott hat seine Kinder zur Gemeinschaft miteinander erschaffen. Der Leib Christi hat viele Aufgaben, aber eine der wichtigsten ist, daß er seinen Gliedern Hilfe, Ermutigung und Geborgenheit gibt – genau die Dinge, die die innerlich verhungernde Seele sucht. Wenn Sie einsam sind, sind Sie es sich selber schuldig, den Kontakt mit anderen Menschen zu suchen. Ob dies die Mitarbeit in der Nachbarschaftshilfe ist, die Teilnahme an einem Mal- und Bastelkurs oder eine der Gruppen in der Gemeinde – der Kontakt mit anderen ist eine mächtige Waffe gegen die Einsamkeit. »So ist's ja besser zu zweien als allein ... Fällt einer von ihnen, so hilft ihm sein Gesell auf« (Prediger 4,9-10).

Spaß am Leben. Eine der häufigsten Ursachen von Einsamkeit ist, daß wir unser Bedürfnis nach Lachen und Freude sträflich vernachlässigen. Die Bibel spricht viel von der Wichtigkeit des Lachens und betrachtet Einsamkeit und Entmutigtsein als Feinde des heilenden Wirkens Gottes in seinem Volk. Sprüche 13,12 sagt es klipp und klar: »Hoffnung, die sich verzögert, ängstet das Herz; wenn aber kommt, was man begehrt, das ist ein Baum des Lebens.« Gesunder Spaß ist Nahrung für die Seele. Also los: Was tun Sie so richtig gerne? Pflegen Sie es, tun Sie es regelmäßig; laden Sie am besten einen Freund dazu ein.

Pausen zum Atemholen. Eine wenig bekannte, aber häufige Einsamkeitsursache in der Hektik der modernen Welt besteht darin, daß man sich keine Zeit für sich selber nimmt. Christus wußte darum und zog sich immer wieder an einsame Orte zurück, um sein Leben zu überdenken und mit dem Vater zu reden. »Und als er das Volk hatte gehen lassen, stieg er allein auf einen Berg, um zu beten. Und am Abend war er dort allein« (Matthäus 14,23).

Regelmäßige Meditation und Gebet sind ein Muß für den Christen. Es gibt eine Nahrung der Seele, die man nur in diesen stillen Stunden des Nachsinnens und der innigen Gemeinschaft mit Gott bekommt, die der Christ durch das Wirken des Heiligen Geistes erlebt. Einer der großen Mängel der heutigen Kirchen ist, daß sie die Gemeinschaft mit Gott im stillen Kämmerlein so wenig betonen. Wenn diese Gemeinschaft zu kurz kommt, kann eines der Symptome eine innere Einsamkeit sein. Die Therapie? Nehmen Sie sich jede Woche ein paar Stunden Zeit für die stille Zwiesprache mit dem Herrn.

Eine mächtige Verheißung

Einsamkeit ist eine innere Einstellung. Wenn wir in Gemeinschaft mit Gott leben, sind wir nie wirklich allein. Er hat versprochen, uns nie zu verlassen (Hebräer 13,5). Kurz vor seiner Himmelfahrt erklärte Jesus seinen Jüngern: »Siehe, ich bin bei euch alle Tage bis an der Welt Ende« (Matthäus 28,20). Diese Verheißung ist der End- und Höhepunkt seines Missionsbefehls. Wir sollen sein Evangelium in die ganze Welt tragen – in der Gewißheit, daß er ständig bei uns ist.

Einsamkeit ist eine innere Einstellung. Wenn wir in Gemeinschaft mit Gott leben, sind wir nie wirklich allein.

Im Laufe der Jahrhunderte hat diese Verheißung viele Christen in ihrem Kampf durchgetragen. Wir stehen den Problemen des Lebens eigentlich nie allein gegenüber, weil Christus in uns lebt. Er ist stets gegenwärtig in der Seele des Gläubigen. Erst wenn wir diese Wahrheit aus den Augen verlieren, kommt die Einsamkeit. Christus hat uns verheißen, den Tröster, den Geist der Wahrheit, den Heiligen Geist zu uns zu senden (Johannes 14,16-18.26). Durch diesen Geist haben wir inneren Frieden und die Gewißheit, daß Christus in uns lebt. Ein einsamer Christ ist eigentlich ein Christ, der vergessen hat, wer er ist. Er hat vergessen, daß er ein Kind des Königs ist, und lebt statt dessen wie ein Ausgestoßener. Er hat seine geistliche Waffenrüstung (Epheser 6,10-18) abgelegt, so daß der Feind ihn nach Belieben angreifen kann. Er hat den Sieg seines Herrn vergessen und bereitet sich auf die Niederlage vor. Er lebt so, als sei Gott tot!

Einsamkeit ist eine selbstauferlegte Verbitterung. Sie ist der Glaube, daß Gott nicht nahe ist und daß wir ihm egal sind. Und dabei wissen wir im Grunde sehr wohl, daß das nicht stimmt! Tief in unserem Herzen wissen wir, daß wir nicht allein sind, sondern daß Gottes Geist in uns wohnt. Wir haben »Anteil an der göttlichen Natur« (2. Petrus 1,4), am ewigen Leben Gottes! Wenn wir uns einsam *fühlen,* dann deswegen, weil wir unseren Blick von der Quelle alles Sinnes im Leben abgewandt haben – von Gott, unserem Schöpfer, Erhalter und Gefährten.

Niemals allein!
Als Christen sind wir nie wirklich allein. Christus wohnt ständig durch seinen Geist in uns. Wir können uns lediglich allein *fühlen* – wenn wir uns als Opfer der Umstände sehen und nicht mehr als siegreiche Kinder des lebendigen Gottes.

Einsamkeit kommt dann, wenn wir nicht mehr Tag für Tag in der persönlichen Gemeinschaft mit Christus leben. Wenn er wirklich lebt und von den Toten auferstanden ist, warum sollten wir uns dann je einsam fühlen müssen? Weil unsere Freundin uns sitzengelassen hat? Weil ein guter Nachbar weggezogen ist? Weil wir arbeitslos geworden sind? Nein. Schmerzliche Lücken in unserem Leben – ja. Aber wir werden nie wirklich einsam sein, weil Gott in uns lebt!

Wir sind Miterben Jesu Christi, der in uns lebt. Wir haben Anteil an all dem, was er ist und hat. Er hat uns seine Gerechtigkeit gegeben und uns mit ihm auf seinen ewigen Thron gesetzt. Er hat Sie zu einem Kind Gottes mit einem Erbteil im Himmel gemacht. Er hat all das für Sie getan, was Sie niemals selber hätten tun können.

Gottes tägliche Gegenwart in uns wird uns durch alle Schwierigkeiten des Lebens hindurchtragen. Wir brauchen uns nicht alleine vorwärtszuquälen auf der Straße des Lebens. Das christliche Leben ist viel mehr als ein Kampf ums Überleben; es ist eine dynamische, aufregende, jeden Tag neue Begegnung mit dem lebendigen Gott!

Gott ist da!
Auch dann, wenn wir gegen Gott gesündigt haben, sind wir nicht von seiner Gegenwart ausgeschlossen. Angesichts seiner eigenen Sünde ruft David aus: »An dir allein habe ich gesündigt und übel vor dir getan« (Psalm 51,6). Selbst mitten in seinem Versagen war David sich der Gegenwart Gottes bewußt. An einer anderen Stelle fragt er: »Wohin soll ich gehen vor deinem Geist, und wohin soll ich fliehen vor deinem Angesicht? Führe ich gen Himmel, so bist du da; bettete ich mich bei den Toten, siehe, so bist

du auch da. Nähme ich Flügel der Morgenröte und bliebe am äußersten Meer, so würde auch dort deine Hand mich führen und deine Rechte mich halten« (Psalm 139,7-10). Gott ist allgegenwärtig, und so stand David selbst in den Tiefen seiner schlimmsten Sünde in Gottes Gegenwart. Selbst in der Hölle gibt es ein Wissen um die Realität Gottes.

Millionen Menschen leben unter der Geißel der Einsamkeit. Doch der Christ hat keinen Grund, sich einsam zu fühlen. Warum nicht?

- Gott ist immer da.
- Jesus hat versprochen, uns nie zu verlassen.
- Der Heilige Geist Gottes wohnt in uns.
- Wir haben Gemeinschaft mit Gott.
- Wir sind nicht von Gottes Zielen getrennt.
  Wir *sind* sein Ziel!

Der Vater hat Christus gesandt, um uns zu erlösen. Jesus hat uns den Auftrag gegeben, sein Evangelium in die ganze Welt zu tragen. Wir brauchen nicht mühsam nach einem Sinn im Leben zu suchen. Wir kennen diesen Sinn bereits; wir brauchen nur noch aufzubrechen und ihn auszuführen! Fangen Sie an, das Evangelium weiterzugeben, und Sie werden sich nie einsam fühlen. »Gehet hin und machet zu Jüngern alle Völker ... Und siehe, ich bin bei euch alle Tage bis an der Welt Ende« (Matthäus 28,19-20).

Eine riesige Aufgabe liegt vor Ihnen; da ist keine Zeit für Selbstmitleid. Eine ganze Welt soll für Christus gewonnen werden, und Ihre Mitarbeit ist gefragt! Hören Sie auf, auf sich selbst zu sehen, und konzentrieren Sie sich auf Jesu Auftrag. Er wird uns unser ganzes Leben lang beschäftigt halten!

Kapitel 9

Ausgesorgt

Tom Jackson hatte Karriere in einer großen Firma gemacht. Er hatte einen tollen Job, eine wunderbare Familie und ein schönes Haus. Man sagte »Tom Jackson«, und man meinte »Erfolg«. Aber innen drin war Tom ein einziges Nervenbündel.

»Mein Leben ist so kompliziert«, sagte er mir, »daß ich pausenlos Angst habe, daß es im nächsten Augenblick wie ein Kartenhaus einstürzt. Wer kann mir nur helfen?«

»Versuchen wir es mal mit der Bibel«, schlug ich vor. »Vielleicht finden wir die Lösung in Gottes Wort.«

Der Streß stand Tom deutlich auf dem Gesicht geschrieben. Er war so groß, daß er ihn nicht mehr ertragen konnte. Er glaubte, daß er alleine war mit diesem Streß. Aber das stimmte nicht.

Sorgen – sie sind eine große Seuche in unserer Wohlstandsgesellschaft. Der Mediziner spricht in besonders schlimmen Fällen von einer Angstneurose. Allein die Amerikaner geben Jahr für Jahr Millionen Dollar für Beruhigungsmittel aus. Für den Christen können Sorgen besonders frustrierend sein, weil er doch weiß, daß er sich als Christ eigentlich nicht sorgen sollte – womit er gleich die nächste Sorge hat ...

Wer sich sorgt, zermartert sich über Umstände den Kopf, die er nicht unter Kontrolle hat. Er will, daß alles so läuft, wie er es geplant hat, und bekommt Angst, wenn dies nicht so ist. Die tiefste Ursache von Sorgen ist eine egoistische Einstellung und ein mangelnder Glaube daran, daß »denen, die Gott lieben, alle Dinge zum Besten dienen, denen, die nach seinem Ratschluß berufen sind« (Römer 8,28).

Die Bibel fordert uns auf, uns nicht zu sorgen. In Philipper 4,6 heißt es ausdrücklich: »Sorgt euch um nichts.« Manchmal beten wir darum, daß unsere Sorgen weggehen, aber oft gehen sie nicht weg. Wie können wir es angehen, das Problem der Sorgen?

Eine wichtige Unterscheidung

Als erstes sollten wir uns über die Unterscheidung zwischen *Sorgen* und *Angst* klarwerden. *Angst* ist eine ganz natürliche, gesunde Reaktion auf Gefahr. Die Angst vor dem Schmerz bewahrt Kinder davor, die heiße Herdplatte anzufassen. Die Angst vor dem Abstürzen läßt den Hausbesitzer, der selber sein Dach repariert, mit aller Vorsicht vorgehen. Gott hat uns den Angstinstinkt zu unserem eigenen Schutz gegeben.

Sorgen dagegen sind etwas gleichsam Formloses. Es ist schwierig, sie an etwas Konkretem festzumachen. Gewöhnlich liegen wir richtig, wenn wir unsere Angst wachsam beachten, aber unsere Sorgen mit einem kritischen Auge betrachten.

Auf der nächsten Seite folgt ein etwas systematischerer Vergleich von Sorgen und Angst.

Angst	Sorgen
1. Kommt und geht rasch.	1. Bleiben, werden mit der Zeit eher schlimmer.
2. Meist durch eine deutliche Drohung von außen ausgelöst.	2. Entstehen meist in uns selber; Ursache oft undefinierbar.
3. Spezifisch.	3. Vage, unbestimmt.
4. Schärft Sinne und Reaktionsbereitschaft.	4. Lähmend. Wir zaudern und zögern.
5. Wir konzentrieren uns auf die Quelle der Gefahr.	5. Das Gefühl selber dominiert. Wir tasten unkonzentriert umher.
6. Frei von innerem Konflikt.	6. Führen oft zu innerem Konflikt. Unser Denken ist unschlüssig, sprunghaft.
7. Geht wieder weg, wenn die Gefahr vorbei ist.	7. Führen zu gestörtem, erratischem Verhalten. Bleiben auch dann, wenn die Lage sich entspannt hat.

Sorgen überwinden

Philipper 4,4-9 gibt uns fünf spezifische Schritte, wie wir unsere Sorgen besiegen können. Wir müssen sie alle fünf befolgen; im griechischen Urtext haben sie die Imperativform.

1. »Freuet euch in dem Herrn allewege« (Vers 4). Christus ist der Herr unseres Lebens und unserer Umstände. Es kann nichts geschehen, das Gott nicht zu unserem Besten wenden könnte. Die Aufforderung zur Freude gründet in der Tatsache, daß diese Freude »in dem Herrn« geschieht, das heißt, sie hängt nicht von unseren Umständen ab, sondern von unserer Zuversicht, daß Gott diese Umstände letztlich in der Hand hat.

2. »Eure Güte laßt kundsein allen Menschen« (V. 5). Das Wort »Güte« (Elbf.: »Milde«) meint eine vernünftige, mäßige, angemessene Einstellung und impliziert, daß wir Gott hingegeben sind. Christen sollten einen mäßigen Lebensstil haben, weil sie sich vom Heiligen Geist leiten lassen. Das Maß unserer inneren Hingabe bestimmt das Maß unserer äußeren Mäßigung. Christus als Herrn haben bringt Gelassenheit statt Hektik. Viele Christen haben unnötige Sorgen, weil sie ihr Leben nicht von Christus bestimmen lassen. Sie erkennen ihn wohl als Heiland und Herrn an, aber in ihrem Alltag legen sie ihr Leben nicht bewußt in seine führende Hand.

3. »Sorgt um nichts – betet!« (V. 6-7). Der dritte Schritt ist der schwierigste, weil er so einfach klingt: Sorge dich nicht – bete! »Aber das hab ich doch versucht«, sagen viele. Nun, hier gibt es nur zwei Möglichkeiten: Entweder sind diese Menschen wirklich im Gebet vor Gott getreten, und die Bibel ist nicht wahr – oder die Bibel ist wahr, aber etwas fehlte in dem Gebet dieser Menschen.

Es kann keinen Zweifel geben, daß das biblische Heilmittel für Sorgen das Gebet ist: »... in allem sollen durch Gebet und Flehen mit Danksagung eure Anliegen vor Gott kundwerden; und der Friede Gottes ... wird eure Herzen und eure Gedanken bewahren in Christus Jesus« (V. 6-7 Elbf.). Zum Gebet gehören Anbetung, Preis und Bitten, und das Gebet hat »in allem« (in allen Umständen des Lebens) zu erfolgen.

Der Gläubige, der wirklich gebetet hat, muß die Zuversicht haben, daß Gott jetzt um seine Nöte weiß. Sichsorgen ist eine Verneinung der Realität des Gebets. Der Mensch, der sich mit Sorgen quält, betet nicht wirklich; er läßt vielleicht seine Angst und seinen Frust vor Gott hinaus, aber er betet nicht wirklich in Glauben und Danksagung, weil er nicht Frieden mit Gott hat.

4. Lernen, richtig zu denken (V. 8). Die eigentliche Ursache des Sichsorgens ist ein falsches Denken. Man beachte, wie Paulus hier die Aufforderung, sich nicht zu sorgen, sofort durch die Anweisung ergänzt, wie man richtig denkt. Unser Denken soll von solchen Dingen gefüllt sein, die wahrhaftig, ehrbar, gerecht, rein, bewunderns-, liebens- und lobenswert sind. Auch wenn die »Macht des positiven Denkens« von manchen überbetont worden ist – wir müssen unsere Gedanken auf das konzentrieren, was wahr und recht ist, und nicht auf das, was alles an Unangenehmem passieren *könnte*. Richtiges Denken ist die Basis für richtiges Leben.

Es gibt fünf gängige Methoden des Umgangs mit unseren Ängsten und Sorgen:

Wir können sie *verfluchen*. Dies mag zunächst erleichternd wirken, aber auf Dauer führt es zum Groll gegen Gott.

Wir können sie *pflegen*. Das Ergebnis: jede Menge Selbstmitleid und »Du bist schuld …«.

Wir können sie *ständig wiederholen*, bis wir uns förmlich an ihnen festklammern, in dem unbewußten Versuch, die anderen zu manipulieren oder uns von ihnen bedauern zu lassen.

Wir können sie *zerstreuen*. Dies führt dazu, daß wir unsere Probleme und unseren Frust auf andere »abladen« – die Tür zum Selbstbetrug bezüglich der wahren Ursachen der Probleme steht weit offen.

Wir können sie *umkehren* oder »umpolen«, indem wir unsere Probleme bewußt als *Chancen* für Gott sehen, als Bausteine, die er in seinen guten Plan einfügen kann. Jede Verlegenheit kann in Gottes Händen zu einer Gelegenheit werden, wenn wir ihm nur beharrlich vertrauen. Der Mensch, der im Glauben lebt und trotz aller Widerwärtigkeiten mit Gottes Segen rechnet, wird erfahren, wie Gott alles zum Besten kehren kann.

Sorgen kommen, wenn wir auf uns und unsere Probleme sehen anstatt auf Gott und seine Lösungen. Wir müssen es lernen, christusorientiert zu leben und nicht problemorientiert. Wir müssen es einüben, unsere Gedanken auf das Positive, Gesunde zu richten. Ersetzen Sie Ihre negativen Sorgen durch positive Wahrheiten. Lassen Sie Ihr Leben nicht von Ihren Problemen beherrschen, sondern vom Heiligen Geist, der jedes Problem lösen kann.

> Sorgen kommen, wenn wir auf uns und unsere Probleme sehen anstatt auf Gott und seine Lösungen.

5. Lernen, richtig zu leben (V. 9). Philipper 4,9 sagt uns, daß wir das, was wir gelernt und an Beispielen gesehen und gehört haben, jetzt auch *tun*, also praktizieren müssen (die Verbform im Griechischen zeigt ein fortlaufendes Tun an). *Tun* Sie die Wahrheit, und Sie werden Ihre Sorgen besiegen. Denken und handeln Sie wie ein Christ, der einen unerschütterlichen Glauben daran hat, daß Christus Herr ist. Nur dann können Sie sich in allen Dingen freuen, für Gott leben, voll Glauben beten und gesund denken.

Die Medizin gegen Sorgen (geistliche Unreife) ist geistliche Reife. Doch kein Christ wird über Nacht reif. Seien Sie nicht entmutigt, wenn Sie noch nicht das sind, was Sie in Christus sein können und wollen. Üben Sie weiter den Lebensstil des Glaubens ein, und nach und nach wird er Ihnen immer mehr zur Gewohnheit werden und Sie werden merken, wie Ihre Sorgen kleiner werden und Ihr Gottvertrauen größer.

Das liebe Geld

Für die meisten erwachsenen Menschen sind Finanzprobleme eine der größten Sorgenursachen. Unsere finanzielle Situation kann ein Spiegel unseres Lebens sein; so sind disziplinierte Menschen meist auch finanziell diszipliniert, während der Leichtsinnige sein Geld verschleudert. Gefragt ist ein ausgewogenes Finanzmanagement. Kaum etwas kann eine Ehe so belasten wie Geldprobleme. Ist man erst einmal überschuldet, wird man zum Sklaven seiner finanziellen Situation, der nur noch reagieren, aber kaum noch sinnvoll agieren kann.

»Ich kann unmöglich den Zehnten geben«, sagte mir ein christlicher Geschäftsmann einmal. »Wir kommen schon so kaum über die Runden.«

Die Wahrheit war, daß er schlicht über seine (guten) Verhältnisse lebte. Er hatte vier Autos, zwei Boote und eine monatliche Hypothek von 5000 Dollar für sein Haus zu finanzieren; seine diversen Kreditkarten waren weit überzogen.

»Ich habe auch gebetet«, fuhr er fort. »Aber ich glaube, selbst Gott kann mir nicht mehr helfen.«

Ich antwortete ihm: »Gott wird Ihnen erst dann helfen, wenn Sie Ihre Finanzen in Ordnung bringen, und zwar in die biblische Ordnung. Wie wollen Sie bei Ihrem Lebensstil eines Tages vor Gottes Thron treten und ihm erklären, daß Sie es sich nicht leisten konnten, den Zehnten zu geben? Tatsache ist, daß Sie es sich nicht leisten können, *nicht* den Zehnten zu geben!«

Tatsache ist auch: Wir brauchen nicht die Sklaven unserer finanziellen Situation zu sein. Wir können frei sein. Dazu muß man nicht reich sein; es reicht, wenn man schuldenfrei ist. Ein bescheidenerer Lebensstil kann unsere Lebens*qualität* unter Umständen sogar erhöhen. Ein schuldenfreies Konto ist ein guter Schutz vor Herzinfarkten und Nervenzusammenbrüchen.

Jesus hat gesagt: »Ihr könnt nicht Gott dienen und dem Mammon« (Matthäus 6,24). Der Schlüssel in dieser Warnung vor der Macht des Geldes liegt in dem Wort »dienen«. Im Griechischen steht hier *douleo,* ein Dienen, wie es ein Sklave erbringt. Wörtlich also: Wir können nicht gleichzeitig Gottes Sklaven und Sklaven des Geldes sein.

Aber die Wurzel allen Übels ist nicht das Geld an sich, sondern die *Liebe* zum Geld (1. Timotheus 6,10). Die ungezügelte Gier ist es, die dem Menschen so oft zum Verhängnis wird. Millionen sind Sklaven ihrer Gelüste. Aber bei kaum einem Thema reden Christen so schnell von »Gottes

Führung« wie beim Geld. Kommt dann der große Knall, sind sie schockiert, bitter und enttäuscht: »Wie konnte Gott zulassen, daß mir das passiert?«

Was sagt die Bibel?

Als Christen sind wir nicht von Gottes Finanzgesetzen ausgenommen. Die Bibel lehrt unmißverständlich, daß unser Geld Gottes Gabe ist, das er uns zur Verwaltung anvertraut (Psalm 8,7; Lukas 16,11; 2. Korinther 8,15). Dies aber verlangt konsequente Sauberkeit und Ehrlichkeit in allen Bereichen unseres privaten und beruflichen Lebens. Saubere finanzielle Grundsätze stehen nie in Widerspruch zu sauberen geistlichen Grundsätzen. Zur christlichen Ethik gehört die strikte Verantwortung für die Art, wie wir mit unserem Geld umgehen.

Unsere persönlichen Pläne und Loyalitäten können nichts daran ändern, daß wir als Christen zwar *in* der Welt stehen, aber nicht *von* der Welt sind (Johannes 17,14-16). Geld ist eigentlich schlicht ein Mittel zur besseren Verbreitung des Evangeliums (Lukas 16,9-13). Es gehört zur Welt und ist somit etwas Vergängliches. Diese Welt vergeht. Nur Gott, sein Wort und seine Kinder bleiben ewig.

Als Christen können wir unseren Reichtum für Gott dienstbar machen. Mit ihm können wir Kirchen und Krankenhäuser bauen, den Armen zu essen geben und das Evangelium verbreiten. Wir können ihn aber auch für sinnlosen Luxus, ja Sünde vergeuden. Die Bibel sagt klar, daß die, die durch Geld glücklich werden wollen, in der großen Enttäuschung enden werden. Sie haben nie begriffen, *wozu* sie das Geld bekommen haben. Reichtum, der nicht zur Ehre Gottes eingesetzt wird, zerstört seinen Besitzer.

Gott hat die Welt und ihre Ressourcen uns Menschen anvertraut. Die Bibel berichtet, wie Gott Menschen wie Abraham, Hiob und Salomo mit Reichtümern gesegnet hat. Das Neue Testament weiß von reichen Christen in der jungen Kirche zu berichten, zum Beispiel Josef von Arimathäa, doch Paulus stellt auch fest, daß etwa Korinth nicht viele einflußreiche oder hochgestellte Gemeindeglieder aufzuweisen hatte (1. Korinther 1,26). Die Bibel verurteilt weder Reiche noch Arme, sondern erinnert uns daran, daß Gott der Herr über alle ist.

Die Bibel spricht häufig positiv von Kaufen und Verkaufen, der Legitimität des Marktes und dem Recht des einzelnen auf persönlichen Besitz. Das Land Israel war Gottes Geschenk an sein Volk (Josua 13,7; 21,43). Die Gesetze der Wirtschaft basieren auf jüdisch-christlichen Prinzipien. In den Gleichnissen, in denen Landbesitzer vorkommen, spricht Jesus sich nie gegen die Idee des privaten Unternehmertums aus. Was Jesus verurteilt, ist der *Mißbrauch* von Reichtum.

Die Sprüche Salomos sehen Reichtum als Segen Gottes (10,22), aber verurteilen die Unterdrückung des Armen durch den Reichen (22,22-23). Armut muß kein Zeichen für Gottes Gericht sein: »Ein Armer, der in Unschuld wandelt, ist besser als einer, der Verkehrtes spricht und dabei reich ist« (Sprüche 19,1). Die Botschaft ist klar: Besser arm, ehrlich und glücklich als reich, schuldbeladen und elend. Auch vor Gericht fordert Gott Gerechtigkeit für alle: »Du sollst nicht unrecht handeln im Gericht: du sollst den Geringen nicht vorziehen, aber auch den Großen nicht begünstigen, sondern du sollst deinen Nächsten recht richten« (3. Mose 19,15).

Geld und Glück

Wir haben es alle schon gehört: Geld macht nicht glücklich. Und doch setzen Millionen Menschen darauf, daß es glücklich macht. Sie jagen und jagen nach etwas, das sie nicht bekommen können. Dabei ist aller Reichtum nur vorübergehend (Psalm 49,11-13). Er kann uns buchstäblich über Nacht unter den Händen zerrinnen, wie das Beispiel Hiob so deutlich zeigt.

Das Problem ist nun einmal, daß man Glück nicht kaufen kann. Gott hat uns nicht dazu geschaffen, daß materielle Dinge uns befriedigen können. Nur wenn wir *über* der Ebene des Materiellen leben, können wir lernen, unser Geld recht zu benutzen. Gott schenkt uns unsere Güter nicht, damit wir sie horten, sondern damit wir sie weitergeben.

Die Bibel fordert uns auf, die *Gnade des Gebens* zu erlernen (2. Korinther 8,1-7). Paulus erwähnt die Gemeinden in Mazedonien als Beispiel für das freudige Geben aus tiefer Armut. *Geben,* nicht *Nehmen* macht glücklich. Der Apostel merkt auch an, daß die mazedonischen Christen zuerst sich selber und *danach* ihr Geld Gott zur Verfügung stellten. Der völlig Gott hingegebene Christ ist der Christ, der um die Freude des Gebens weiß. Er ist wahrlich ein »fröhlicher Geber« (2. Korinther 9,7).

Viele Menschen sind in finanziellen Schwierigkeiten, weil sie nie das Geben gelernt haben; sie sind besessen vom Nehmen. Sie haben nicht begriffen, was es bedeutet, Gottes Verwalter zu sein. Sie reden gerne davon, was für ein Segen Reichtum und Erfolg ist, aber sie wissen wenig über die Gnade des Gebens. Sie wollen, daß Gott sie immer noch mehr segnet – und übersehen völlig, daß Gott sie selber zu Kanälen seines Segens für die anderen Menschen machen will.

Wenn die Werte nicht mehr stimmen

Unsere Einstellung zu Geld und Besitz ist ein Spiegel unserer Werte. Wenn ich mich nach dem bewerte, was ich habe, stelle ich mich unter den Zwang, Erfolg zu haben. Wer denkt, daß Geld allein ihn glücklich macht, wird nie glücklich werden. Wahre Freude ist eine Frucht des Geistes und eine Gabe Gottes (Galater 5,22), die man nicht kaufen kann. Der ärmste Gläubige kann sie im Überfluß besitzen. Sie hängt nicht von unseren Umständen ab, weil sie direkt von Gott kommt. Nur dann, wenn wir das richtige Wertesystem haben, werden wir den richtigen Platz für das Geld in unserem Leben finden.

1. Geld und Reichtum sind etwas Vorübergehendes. Das Materielle bleibt nicht für immer, vielleicht noch nicht einmal ein Leben lang. Nur das Geistliche ist ewig. Geistliche Prioritäten sollten daher immer vor materiellen Prioritäten kommen.

2. Christen haben ein Verwalteramt. Auch wenn er nicht ewig besteht, Gott will, daß wir gute Verwalter unseres Besitzes sind (Lukas 12,16-21). Wir sollten unser Geld weise managen, sorgfältig investieren, vorsichtig ausgeben und freudig mit anderen teilen.

3. Reichtum ist zur Ehre Gottes einzusetzen. In dem Maße, wie wir es lernen, unseren Besitz zur Verbreitung des Evangeliums zu benutzen und in Gottes Werk zu investieren, beginnen wir zu verstehen, daß Gott uns seine Gaben nicht als Selbstzweck gibt. Wir sollen sie vielmehr zu seiner Ehre einsetzen (Sprüche 3,9).

Ursachen finanzieller Probleme

Finanzprobleme können verschiedene Ursachen haben:

1. Gier. »Je mehr er hat, je mehr er will«, sagt ein Sprichwort. Die Gier nach immer mehr stürzt uns in leichtsinnige Ausgaben.

2. Stolz. Manchmal kaufen wir etwas, das wir uns eigentlich gar nicht leisten können, um unser Image aufzupolieren.

3. Unwissenheit. Viele Menschen wissen einfach nicht, wie sie richtig mit ihrem Geld umgehen sollen.

4. Faulheit. Es gibt Menschen, die pleite sind, weil sie nicht arbeiten wollen.

5. Geiz. Die Bibel sagt sehr klar, daß der, der nicht gibt, auch nichts bekommt (Lukas 6,38).

Überschuldungs-Symptome

Wer mehr ausgibt, als er verdient, fällt früher oder später in die Überschuldungsfalle; er wird zum Sklaven seiner Gläubiger, der nie genügend Bargeld hat. Zu den Symptomen gehören:

- Überfällige Rechnungen,
- finanzielle Sorgen,
- Desorientiertheit,
- ständig etwas Neues haben wollen,

- finanzielle Manipulationen,
- Tricks und Betrügereien,
- Hereinfallen auf »todsichere Investment-Pläne« usw.

Geldprobleme sind eine der Hauptursachen von Scheidungen. Vor allem Frauen machen sich rasch Sorgen um das liebe Geld; unbezahlte Rechnungen machen ihnen schlaflose Nächte, und oft lassen sie ihre Ängste und ihren Frust an ihrem Ehemann aus. Übereilte Entscheidungen werden getroffen, und die Lage verschärft sich noch. Wer in der Schuldenfalle steckt, neigt zu allgemeiner Unvorsichtigkeit und Spontankäufen, zu Spekulationen und – vielleicht das Schlimmste – zum Kauf auf Pump. Die Schulden steigen und steigen und werden zum alles beherrschenden Lebensthema. Bald bleibt kein Raum mehr für den Aufbau kreativer Wege zu finanziellem Wachstum.

Der Weg hinaus aus der Schuldenfalle

Um aus der Schuldenfalle auszubrechen, sind mehrere Schritte notwendig:

1. Geben Sie all Ihren Besitz in Gottes Hände. Lassen Sie ihn los. Erkennen Sie Gott als den Herrn Ihrer Seele, Ihres Hauses, Ihres Autos und alles, was Sie haben, an. Machen Sie sich klar, daß alles, was Sie besitzen, Ihnen nur geliehen ist.

2. Fangen Sie an, den Zehnten zu geben. Als Menschen, die unter der Gnade leben, sollten wir den alttestamentlichen »Zehnten« (10 % der Einnahmen gehen an Gott) als das absolute Minimum betrachten. Christen sollten spontan und reichlich für Gottes Sache geben. Der Geizhals wird auch wenig Segen bekommen (vgl. 2. Korinther 9,6-8).

3. Stellen Sie ein Budget auf. Sie werden es nie lernen, auf nicht unbedingt notwendige Anschaffungen zu verzichten, wenn Sie nicht eine Aufstellung machen, was Sie an Einnahmen benötigen, um Ihre Grundkosten wie Wohnung/Haus, Essen, Licht, Heizung, Telefon, Versicherungen usw. zu decken.

4. Stoppen Sie alle unnötigen Anschaffungen. Hören Sie auf, sich Dinge zu kaufen, die Sie sich eigentlich nicht leisten können. Solche Käufe stürzen Sie nur noch tiefer in die Schuldenfalle. Erklären Sie einen Ausgabenstopp für solche Dinge wie Designerkleider, Restaurantabende, teure Reisen und Hobbies.

5. Kaufen Sie nichts auf Kredit. Zahlen Sie alles in bar. Kreditkarten, so bequem sie sind, können den undisziplinierten Käufer in den Ruin führen. Aus »Heute kaufen – morgen bezahlen« wird nur zu leicht »Heute kaufen – ein Leben lang abstottern«!

6. Verkaufen Sie Gegenstände, die rasch an Wert verlieren. Wenn Sie bis über die Ohren verschuldet sind, muß Ihr neues Auto vielleicht dran glauben. Noch vier Jahre Ratenzahlungen bedeuten womöglich, daß Sie eines Tages mehr Geld schulden, als der Wagen noch wert ist. Ähnliches kann für die auf Pump gekaufte neue Wohnzimmerwand gelten.

7. Entwickeln Sie biblische Prioritäten. Geben Sie Ihr Geld für Dinge aus, die den größten Langzeitnutzen bringen (etwa die Ausbildung Ihrer Kinder). Lassen Sie die Finger von modischem Firlefanz, der Ihnen nur Ihr Geld wegnimmt. Überdenken Sie jeden geplanten Kauf aus Gottes Perspektive; fragen Sie sich: »Wird dieser Kauf der Sache Christi helfen?«

8. Errechnen Sie Ihr persönliches Netto-Einkommen. Reservieren Sie die nötigen Mittel für Steuern, Spenden (»Zehnter«), persönliche Altersvorsorge, Not- und Renovierungsgroschen usw. Erst der nach allen »festen« Ausgaben übrigbleibende Rest steht zu Ihrer freien Verfügung zum »Leben«.

9. Lernen Sie es, mit Ihrem Geld zu haushalten. Im Gleichnis von den anvertrauten »Zentnern« (Matthäus 25,14-30) verurteilt Jesus den schlechten Haushalter. Setzen Sie die richtigen Prioritäten und lernen Sie es, vorauszuplanen.

10. ***Machen Sie sich schuldenfrei.*** Gute Dienste leistet hier ein fähiger Finanzberater oder eine Schuldenberatungsstelle, die Ihnen in persönlichen, vertraulichen Beratungsgesprächen helfen, finanziell auf die Beine zu kommen. Die Kosten sind meist gering. Hüten Sie sich jedoch vor unseriösen Anbietern und »Kredithaien«, die Ihre finanzielle Abhängigkeit nur noch vergrößern wollen! Sie werden nie finanziell frei sein, solange Sie nicht Ihre Schulden abbezahlt haben; eine gute Beratung kann diesen Prozeß erheblich verkürzen. Bedenken Sie: Es geht auch um Ihr Zeugnis als Christ! Gottes Ehre verlangt, daß Sie Ihr Bestes tun, um aus der Schuldenfalle herauszukommen.

Gott hat nie gewollt, daß wir Sklaven der Sorgen, des Stresses und der Ungewißheit sind. Wir müssen mit diesen Lasten fertig werden, wenn wir seine Führung in unserem Leben erleben wollen. Wir können keine gesunden Entscheidungen für morgen treffen, solange wir noch unter den Folgen unserer schlechten Entscheidungen von gestern leiden.

Unser Leben muß nicht der pausenlose Streß sein. Aber von alleine gehen die meisten Krisen nicht weg. Wir müssen aktiv werden und die nötigen Schritte zu ihrer Bewältigung tun. Egal, wie groß die Herausforderung ist, Gottes Gnade wird Sie durchtragen. Er wird Ihre Schritte leiten und Ihr Leben transformieren, wenn Sie nur seinen Prinzipien folgen.

Ihre Zukunft kann so wunderbar werden, daß Sie den Schmerz der Vergangenheit glatt vergessen. Doch dazu müssen Sie anfangen, das Leben nach Gottes Methode anzugehen. Lassen Sie ihn Ihre Entscheidungen lenken, und schon bald werden Sie sie entdecken, die Lebensfreude, die Gott immer schon für Sie vorgesehen hat.

Kapitel 10

»Du hörst mir ja gar nicht zu!«

John und Heather saßen in eisigem Schweigen da. Es war ihr erster Ehekrach, und keiner wollte nachgeben. Schließlich sah er sie an und sagte: »Ich habe nichts zu sagen.« Heather starrte die Wand an.

»Ich hab gesagt, ich habe nichts zu sagen!« wiederholte John, als ob er eine Antwort erwartete.

Endlich sah Heather ihn an und sagte: »Das weiß ich. Du sagst mir seit Monaten nichts mehr – warum solltest du mir da jetzt was sagen wollen?«

Wenn Gott eine Kommunikationsbrücke zu uns Menschen gebaut hat, müssen wir es lernen, unsererseits Brükken zu anderen zu bauen. Wenn wir immer nur Barrieren errichten, schneiden wir uns von jeder echten Kommunikation ab und fühlen uns schließlich einsam und leer. »Aber Brückenbauen, das ist mit Risiken verbunden«, sagt jetzt vielleicht jemand. Stimmt – aber die Risiken lohnen sich! Unser Schneckenhaus mag uns vor Kratzern schützen, aber es isoliert uns auch von eben den Menschen, mit denen Gott unser Leben segnen will.

Mißverständnisse sind immer das Ergebnis mangelhafter Kommunikation. Wir verurteilen und kritisieren die Menschen und Dinge, die wir am wenigsten verstehen.

Aus purer Ignoranz machen wir eine Lage, die wir nach Gottes Willen geradebiegen sollen, nur noch schlimmer. Seien Sie kein Problemverursacher; lernen Sie es, ein Problemlöser zu werden!

Kommunikation ist ein Spiegel des Wesens Gottes. Er ist die Quelle aller Kommunikation. Er ist der Gott, der sich offenbart. In der Ewigkeit vor aller Zeit war der dreieinige Gott (Vater, Sohn und Heiliger Geist) in perfekter Kommunikation mit sich selber (1. Mose 1,26). Gott erschuf den Menschen nicht, weil er sich einsam gefühlt hätte, sondern weil er ihn erschaffen *wollte,* und die Welt war ursprünglich ein Abbild der Schönheit dieser Harmonie: Gott in perfekter Kommunikation mit sich selber, seiner Welt und dem Menschen. Und der Mensch war in perfekter Harmonie mit der Natur. Er liebte seine Frau, und sie hatten eine perfekte Kommunikation miteinander.

Adam und Eva, nach Gottes Bild geschaffen, hatten sofort die Gabe der Kommunikation – mit Gott und miteinander. Ihre Beziehung zueinander war eine der völligen Offenheit – bis die Sünde kam und ihre Welt zerbrach. Mit der Sünde kamen Lügen, Schuldzuweisungen, Groll, Haß, Mord, Betrug usw. Die Kommunikation war zerstört. Die Menschen versteckten sich vor dem Gott, der sie liebte (1. Mose 3,8). Sie schoben sich gegenseitig die Schuld für ihre Sünde zu. Die Welt war nicht mehr dieselbe.

Mit unserer sündigen Natur behindern wir echte Kommunikation. Wir errichten *Mauern,* hinter denen wir uns verstecken können, anstatt *Brücken* zu bauen, um aufeinander zuzugehen. Wir lügen, hassen, stehlen, kritisieren, verurteilen. Doch der Gott, der uns erschuf, hat alle Hebel in Bewegung gesetzt, um uns seine Liebe zu uns mitzuteilen. Im Alten Testament gab er uns sein Gesetz und sandte seine Propheten, um seine Pläne anzukündigen. Und im Neuen Testament sandte er seinen Sohn vom Himmel herab, um uns seine Liebe zu bringen. Gott bietet uns Frieden, Vergebung und Versöhnung an – als Ausdruck seiner Liebe zu uns.

Wir alle kommunizieren ständig irgend etwas, ob dies nun Wärme, Liebe und Annahme ist oder Zorn, Bitterkeit und Ablehnung. Die Frage, die wir uns stellen sollten, ist, ob wir durch das, was wir da kommunizieren, anderen helfen oder sie verletzen.

Grundsätze effektiver Kommunikation

In Epheser 4,25-32 gibt uns die Bibel fünf Schlüssel zu einer effektiven Kommunikation:

1. Höre auf, zu lügen; fange an, die Wahrheit zu sagen. Die Menschen belügen sich pausenlos. Jemand fragt uns: »Wie geht's?«, und wir antworten: »Danke, gut« – oft ist das schon die erste Lüge! Die zweite kommt, wenn wir auf die Frage: »Was ist los?« mit dem üblichen »Nichts!« antworten. Tatsache ist: Die Menschen haben oft Angst zu sagen, wie es wirklich ist in ihrem Leben.

Die Wahrheit sagen baut Brücken; Lügen baut Mauern. Wenn jemand merkt, daß ich nicht ehrlich zu ihm bin, wird er aufhören, mit mir zu reden. Die Bibel sagt: »Darum legt die Lüge ab und redet die Wahrheit« (Epheser 4,25).

2. Höre auf, zu hassen; fange an, zu lieben. Die Bibel sagt auch: »Zürnt ihr, so sündigt nicht; laßt die Sonne nicht über eurem Zorn untergehen« (Epheser 4,26). Dieser Satz warnt uns davor, unseren Groll zu pflegen, denn Groll zerstört Kommunikation. Groll und Zorn kann zu aggressivem oder depressivem Verhalten führen; er läßt uns den Mitmenschen attackieren oder uns selbst herabsetzen. Beide Varianten sind destruktiv, für uns wie für den anderen.

Wenn Zorn in Ihr Leben kommt, dann packen Sie ihn sofort an! Lassen Sie ihn keine 24 Stunden alt werden. Einem wütenden Menschen weicht alles aus. Zorn und Groll kann Kinder und Ehepartner aus dem Haus treiben. Er zerstört Kommunikation und damit Beziehungen. Echte Liebe dagegen vergibt, verbindet und kommuniziert.

3. Höre auf, zu stehlen; fange an, zu geben. Der Dieb ist der perfekte Egoist. Paulus fordert uns auf, Geben statt

Nehmen zu lernen (Epheser 4,28). Das gilt nicht nur für das liebe Geld. Es gibt Ehepartner, die immer nur nehmen, aber nicht geben und damit ihrer Ehe schaden. Egoisten sind Kommunikationszerstörer; der Selbstlose dagegen baut durch Brücken der Freundlichkeit Kommunikation auf.

Stellen Sie sich für jede Ihrer Beziehungen die folgende Frage: »Bin ich ein Geber oder ein Nehmer?« Der »Geber« sieht den Wert und die Wichtigkeit der anderen und neigt dazu, das Beste in ihnen zum Vorschein zu bringen. Der »Nehmer« dagegen sieht die Welt so ausschließlich von dem Nabel seines Standpunktes aus, daß die anderen sich genötigt fühlen, ihre eigentlichen Gefühle zu verleugnen oder zu unterdrücken. Sein Ehepartner fühlt sich selten frei dazu, er oder sie selber zu sein.

4. Höre auf, niederzureißen; fange an, aufzubauen. »Laßt kein faules Geschwätz aus eurem Mund gehen, sondern redet, was gut ist, was erbaut und was notwendig ist ... Und betrübt nicht den heiligen Geist Gottes ...« (Epheser 4,29-30). Manche Menschen sind Spezialisten im Herabsetzen ihrer Mitmenschen. Diese Verse stellen klar, daß wir mit solcher Negativkommunikation den Geist Gottes betrüben. Unser Mund sollte ein Werkzeug der Gnade Gottes sein, und nicht ein Brunnen der Bitterkeit und des Fluchens. Jedesmal, wenn Sie einen anderen herabsetzen, zerstören Sie Kommunikation. Sie treiben die Menschen von Gott weg, anstatt sie näher zu ihm zu ziehen. Unsere Worte sollten auf die Menschen, die uns hören, ermutigend und stärkend wirken.

5. Höre auf, überzureagieren; fange an, dich wie ein Christ zu verhalten. »Alle Bitterkeit und Grimm und Zorn und Geschrei und Lästerung seien fern von euch samt aller Bosheit. Seid aber untereinander freundlich und herzlich und vergebt einer dem andern, wie auch Gott euch vergeben hat in Christus« (Epheser 4,31-32).

Der große Apostel ruft uns auf, unsere Probleme nicht wie die Heiden anzugehen. Explodieren Sie nicht; das macht alles nur schlimmer! Beachten Sie die in Vers 31 beschriebene Kettenreaktion: Sie beginnt mit Bitterkeit, die alsbald in Zorn und Wut übergeht. Daraus wiederum folgen »Geschrei« (Wortgefechte), »Lästerung« (wörtlich: *Blasphemie*) und schließlich »Bosheit« (bewußte Versuche, dem anderen etwas Böses anzutun). Solches Verhalten kommt niemals von Gott; es ist die Art der Welt, auf Probleme zu reagieren. Dergleichen Überreaktionen treiben die Menschen von uns fort und zerstören Kommunikation.

Einer der häufigsten Gründe dafür, warum es in Situationen, die ein hohes Maß an Kommunikationskompetenz verlangen, so oft zu negativen Überreaktionen kommt, ist, daß die Betreffenden sich nicht über die Komplexität guter Kommunikation im klaren sind. Effektive Kommunikation kann man sich als einen Kreisprozeß vorstellen, zu dem mindestens sechs Komponenten gehören:

1. Was ich sagen will (wie ich es meine).
2. Was ich tatsächlich (wörtlich) sage.
3. Was der andere hört.
4. Was der andere zu hören meint (wie es bei ihm ankommt).
5. Was der andere über das, was ich gesagt habe, sagt.
6. Wie das, was der andere über das, was ich gesagt habe, sagt, bei mir ankommt.

Wahrhaft christliches Verhalten führt zu echter Kommunikation mit anderen.

Ganz schön komplex, nicht wahr? Menschen, die zu Überreaktionen neigen, haben vielleicht an einem oder mehreren dieser sechs Punkte das, was der andere ihnen sagt, mißverstanden. Urteilen Sie nicht voreilig; geben Sie dem anderen jede Gelegenheit, deutlich auszudrücken, was er meint.

Wahrhaft christliches Verhalten führt zu echter Kommunikation mit anderen. Als Menschen, denen Christus vergeben hat, können wir selber vergeben. Wir können miteinander kommunizieren, weil Gott uns seine Liebe kommuniziert hat.

Wie man ein guter Kommunizierer wird

Wie kann ich in einem Gespräch eine Atmosphäre der Offenheit schaffen, die es meinem Gegenüber leichter macht, über seine Probleme zu reden? Mit anderen Worten: Wie höre ich richtig zu? Hier gibt es vier Strategien, die wir lernen sollten:

1. Eisbrecher. Dies sind Sätze und Redewendungen, die dem anderen zeigen, daß ich bereit bin, ihm zuzuhören. Sätze wie: »Möchtest du mal darüber reden?« oder: »Da müßten wir uns vielleicht mal drüber unterhalten« signalisieren Interesse. Ausweichende oder wegwerfende Bemerkungen dagegen zeugen von Desinteresse und wirken als Gesprächshemmer.

2. Anerkennung und Achtung. Dies heißt schlicht, daß ich dem anderen als jemandem gegenübertrete, den ich meiner Aufmerksamkeit für würdig halte. Jeder merkt es, wenn er von oben herab behandelt wird. Gute Kommunikation ist nur möglich, wenn beide Parteien das Gefühl haben, vollwertige Partner in einem Gespräch zu sein, das offen und frei ist und auf gegenseitiger Achtung basiert.

3. Still zuhören. Die Art meines Zuhörens – Gestik, Augenkontakt, sogar meine Atmung – zeigt meinem Gegenüber, ob ich wirklich zuhöre und ihn zu verstehen versuche oder ob seine Worte mir lästig oder langweilig sind. Abgewandte Augen, verstohlene Blicke auf die Uhr, gelegentliche Seufzer, Spielen mit den Fingern signalisieren, daß ich lieber etwas anderes tun würde. Die großen Männer und Frauen der Weltgeschichte haben alle dieses gemeinsam: Sie wußten, daß das sicherste Zeichen von Respekt ungeteilte Aufmerksamkeit ist.

4. Aktiv zuhören. Dies bezieht sich auf die kurzen Sätze und Bemerkungen, die man beim Zuhören einfließen läßt und die dem anderen zeigen: »Ich verstehe. Das interessiert mich. Erzähle mir mehr.« Aktives Zuhören ist eine schwierige Kunst, weil wir so oft mit unseren eigenen Gedanken beschäftigt sind. Aber sobald die anderen merken, daß wir immer nur »in unserer eigenen Welt« sind und nicht gestört werden möchten, werden sie anfangen, das Gespräch mit uns zu meiden. Zum aktiven Zuhören gehören Wendungen wie: »Ich sehe, was du meinst«, »Aha« oder »Könntest du mir das etwas genauer erklären?«. Sie ermutigen den anderen, fortzufahren, und vertiefen die Qualität der Kommunikation.

Kommunikations-Test

Der folgende Kurztest wurde entwickelt, um die Qualität der Kommunikation in Ehen festzustellen, aber er gilt genausogut für alle anderen engeren Beziehungen – im Büro, in der Gemeinde oder zwischen Freunden. Fragen Sie sich, welche der folgenden zehn Feststellungen auf Sie zutreffen, und markieren Sie sie entsprechend (z. B. mit *Stimmt* oder *Stimmt nicht*).

1. _____ Es irritiert Sie, wenn Ihr Partner Ihre Meinung in Frage stellt oder Ihre Lösungsvorschläge nicht gleich bejaht.

2. _____ Sie halten sich insgeheim für logischer und realistischer als Ihren Partner.

3. _____ Sie machen Ihrem Partner selten spontane Komplimente; mit kritischen Bemerkungen sind Sie dagegen freigebiger.

4. _____ Sie sind kurz angebunden im Umgang mit Ihrem Partner; Sie sagen nicht mehr *bitte* und *danke schön*.

5. _____ Sie und Ihr Partner gönnen sich nie ein Gespräch zu zweit, es sei denn, es liegen Probleme an.

6. _____ Im Gespräch über kitzlige Themen stellen Sie gerne nicht ganz saubere Suggestivfragen.

7. _____ Oft lesen Sie, wenn Sie mit Ihrem Partner »reden«, gleichzeitig die Zeitung oder sehen fern.

8. _____ Auf sachliche Fragen antworten Sie mit Werturteilen (»gut« – »schlecht«, »richtig« – »falsch«, »in Ordnung« – »nicht in Ordnung«).

9. _____ Die harmlosesten Gespräche können jederzeit in Streit und Uneinigkeit ausarten.

10. _____ Ihr Partner würde wahrscheinlich sagen, daß Sie gerne andere Leute unterbrechen, bevor diese ausgeredet haben.

Wenn Sie bei mindestens vier dieser Punkte mit *Stimmt* antworten mußten, reden Sie wahrscheinlich zu viel und hören zu wenig zu. Manchmal müssen wir unsere Klappe halten, damit der andere seine öffnen kann! *Was* ich sage, *wie* ich es sage und *wie lange* ich dazu brauche, es zu sagen – mit all dem kommuniziere ich das, was ich eigentlich sagen möchte. Sorgen Sie dafür, daß Ihre Mitmenschen wirklich »hören« können, was Sie ihnen sagen wollen.

Sind Sie ein Ermutiger?

Echte Kommunikation ermutigt die anderen dazu, positiv zu reagieren. Sie kommt oft dann zustande, wenn wir ein echtes Interesse an den Bedürfnissen unseres Mitmenschen zeigen. Am besten ist unsere Kommunikation dann, wenn unsere Einstellung, unsere Worte, unsere Mimik und Körpersprache alle sagen: »Du bist mir wichtig!« Wohl die meisten Menschen wollen das Gefühl haben, daß wir ihnen echt zuhören. Und indem wir ihnen zuhören, machen wir es ihnen leichter, uns zuzuhören.

Fragen sind eine gute Methode, den anderen zu ermutigen, aus sich herauszugehen. Mit ihnen zeigen wir ihm, daß wir uns für sein Leben, seine Arbeit, seine Familie, Bedürfnisse, Kämpfe und Probleme interessieren und daß er folglich nicht seine Energie vergeudet, wenn er über sie spricht. Kommunikation ist nie eine Einbahnstraße, sondern ein Stück Gemeinschaft, das uns einander näherbringt. Wo wir anderen Gottes Liebe und Gnade kommunizieren, wachsen Hoffnung, Hilfe und Ermutigung. Halten Sie Ihre Zunge gut im Zaum und benutzen Sie sie zu Gottes Ehre!

Kapitel 11

Vom Minus zum Plus

Bob und Sandy schienen die typische amerikanische Durchschnittsfamilie zu haben: zwei Kinder, zwei tolle Jobs, Aufwärtsmobilität. Sie waren nicht ohne Erfolg, und die Finanzen stimmten. Es sah alles super aus – und dann platzte die Bombe. Sandy verließ Bob; sie brannte mit seinem besten Freund durch.

»Es war so ein Schock, ich war fix und fertig«, erzählte Bob mir. »Ich kam mir total verlassen vor und wußte nicht, was ich machen sollte.«

Sandy ließ sich scheiden und heiratete Bobs Freund, der beim Militär war. Es kam noch schlimmer: Sie nahm die Kinder mit, und ihr neuer Mann wurde nach Island versetzt. Es dauerte fünf Jahre, bis Bob seine Kinder wieder sah, und da waren sie schon groß und die Zeit und die Entfernung hatten eine Mauer der Entfremdung geschaffen. Das Wiedersehen war enttäuschend; Bob hatte den Eindruck, daß seine Kinder ihn nicht mehr wollten.

Erst Jahre später, als die Mädchen schon verheiratet waren, begriff Bob, was geschehen war. Es war nicht nur so, daß er sich von ihrer Mutter verlassen fühlte – sie fühlten sich von *ihm* verlassen. Sie hatten ihn ja jahrelang nicht mehr gesehen, und so war das Band immer dünner geworden.

Erst als sie selber erwachsen waren, merkten die Töchter, daß ihre Mutter sie die ganze Zeit von ihrem Vater ferngehalten hatte. Sie wollte nichts mehr mit Bob zu tun haben, und so verschwand der Vater aus dem Leben der Mädchen.

Das Tragische an Scheidungen ist nicht zuletzt, daß sie so vielen Menschen wehtun. Bob fühlte sich von seiner Frau verlassen, die Kinder fühlten sich von ihrem Vater verlassen und der Vater von seinen Kindern.

Sich verlassen fühlen schlägt Wunden, die nicht leicht zu verbinden sind. Jeder, der eine Scheidung hinter sich hat oder der es erlebt hat, daß man ihn nicht wollte oder verraten hat, kennt ihn, den Schmerz der Verlassenheit – dieses hilf- und hoffnungslose Gefühl der Einsamkeit. Und die meisten von uns werden nicht gut damit fertig.

Verletzte verletzen. Sie rufen nach Rache, wollen es jemand anderem heimzahlen. Oft sind sie ein Pulverfaß der Emotionen, das jeden Augenblick hochgehen kann.

Ein Beispiel für uns: Josef

Das macht die Josefgeschichte in der Bibel so einzigartig. Josef war der Sohn Jakobs und Rahels. Er war Rahels Erstgeborener und Jakobs Lieblingssohn. Die Söhne, die Lea ihm geboren hatte, waren eine solche Enttäuschung für Jakob, daß Josef im Nu sein Ein und Alles wurde.

Josef hatte den Vorteil, nach dem geistlichen Wende-Erlebnis seines Vaters bei Bethel aufzuwachsen. Anders als seine Halbbrüder, die Jakob als listigen Manipulator kennengelernt hatten, wurde Josef von einem Vater erzogen, dessen Leben von Gott umgewandelt worden war. Er lernte es, diesen Vater zu achten und seinem Beispiel zu folgen.

Seine Brüder waren aus völlig anderem Holz geschnitzt. Daß sie Lügner und Betrüger waren, waren noch ihre besseren Eigenschaften, denn sie hatten auch vor Mord nicht zurückgeschreckt. Daß sie mit »Vaters Mustersohn« ihre Probleme haben würden, es war vorprogrammiert.

Die Familie verließ schließlich Bethel und wanderte nach Süden, Richtung Bethlehem (1. Mose 35,16-20). Auf dem Weg gebar Rahel ihren zweiten Sohn, Benjamin. Sie starb bei der Geburt. Jakob war untröstlich über den Tod seiner Lieblingsfrau. Und Josef erlebte zum ersten Mal den Schmerz des Verlassenseins.

Jakob tat sein Bestes, um den Jungen über den Verlust seiner Mutter hinwegzutrösten; er überschüttete ihn mit Geschenken, wie dem »bunten Rock« (1. Mose 37,3). Worauf seine Halbbrüder ihn noch weniger leiden konnten. Josefs Träume, in denen der Rest der Familie sich vor ihm verneigte, machten die Sache nicht besser.

Die Verschwörung gegen Josef

Als Josef siebzehn Jahre alt war, geschah etwas, das sein Leben für immer verändern sollte. Seine zehn älteren Brüder brachten die Herden der Familie nach Norden, in die Nähe von Sichem, um sie dort weiden zu lassen. Nach einer Weile schickte Jakob Josef hinterher, um nach ihnen zu sehen. Sie waren inzwischen nach Dotan weitergezogen. Als sie Josef kommen sahen, beschlossen sie, ihn umzubringen: »Seht, der Träumer kommt daher! So kommt nun und laßt uns ihn töten und in eine Grube werfen und sagen, ein böses Tier habe ihn gefressen; so wird man sehen, was seine Träume sind« (1. Mose 37,19-20).

Ruben, der Älteste, versucht ihn zu retten. Es gelingt ihm nur halb. Josef wird an eine arabische Händlerkarawane verkauft, für zwanzig Silberstücke. Die Brüder zerreißen seinen Rock und tauchen ihn in Ziegenblut. Als Jakob das blutige Gewand sieht, glaubt er nichts anderes, als daß ein wildes Tier Josef zerrissen hat. Er ist untröstlich: »Ich werde mit Leid hinunterfahren zu den Toten, zu meinem Sohn« (37,35).

Jakob sollte zwanzig Jahre lang über Josefs Schicksal im unklaren bleiben. Doch Josef selber hatte jede Menge eigene Probleme.

Von der Grube ins Gefängnis

Die Händler verkaufen Josef in Ägypten in die Sklaverei. Gott führt es so, daß der Oberste der Leibwache des Pharao, Potifar, Josef kauft. In Potifars Haus steigt Josef rasch zum obersten Verwalter und persönlichen Sekretär seines Herrn auf.

Doch dann fällt das Auge von Potifars Frau auf Josef. Ob sie sich nun von ihrem Mann vernachlässigt fühlt oder Josefs Schönheit unwiderstehlich findet, sie macht sich an Josef heran: »Komm, schlaf mit mir!« Josef weigert sich. »Wie sollte ich ein solch großes Übel tun und gegen Gott sündigen?« (39,9).

Wes Geistes Kind wir sind, zeigt sich dann, wenn die Sturmwogen des Lebens über uns zusammenschlagen.

Die Frau gibt nicht auf, bedrängt Josef Tag für Tag. Es war eine Versuchung, der die meisten Männer erlegen wären: *Potifar ist nicht da, es ist niemand zu Hause. Wir sind beide erwachsen, und sie scheint es doch zu brauchen. Und überhaupt, was soll's?*

Doch Josef bleibt standhaft, und wir sehen das Holz, aus dem er geschnitzt ist. Seine Charakterstärke ist untadelig, sein Gottvertrauen in dieser alles andere als einfachen Situation unglaublich groß.

Wes Geistes Kind wir sind, zeigt sich dann, wenn die Sturmwogen des Lebens über uns zusammenschlagen. In diesen Stunden wird unser Gottvertrauen auf die Probe gestellt: *Kann ich Gott noch glauben, nach all dem, was ich durchgemacht habe? Wenn er mich wirklich liebt, warum hat er das hier dann zugelassen? Lohnt es sich überhaupt noch, für ihn zu leben?*

Potifars Frau geht aufs Ganze, wirft sich Josef buchstäblich in die Arme. Er flieht, aber sie hält sein Gewand fest (wieder das Gewand ...). Voller Wut über die Zurückweisung geht sie zu ihrem Mann, zeigt ihm das Gewand und beschuldigt Josef der versuchten Vergewaltigung. Als Sklave hat Josef keinerlei Verteidigungsmöglichkeit; der erboste Potifar läßt ihn in das königliche Gefängnis werfen.

Doch selbst im Gefängnis hält Josef Gott die Treue. Seine Führung ist musterhaft, und mit der Zeit wird er die rechte Hand des Gefängnisleiters.

Vom Gefängnis zum Palast

Wir haben keine vollständige Chronologie von Josefs Leben. Wir wissen jedoch, daß er als Siebzehnjähriger von seinen Brüdern verkauft wurde (1. Mose 37,2) und daß er erst mit dreißig Jahren aus dem Gefängnis entlassen wurde (41,46). Dreizehn lange Jahre vergingen, bis der große Durchbruch kam.

Schauen wir uns einmal an, was Josef alles durchmachen mußte:

- Den viel zu frühen Tod der Mutter.
- Den bitteren Neid der Brüder.
- Den Verkauf in die Fremde.
- Die Demütigung des Sklavendaseins.
- Falsche Anklagen und Gefängnis.

Doch trotz all dem machte er nie Schluß mit Gott. Wir finden keine Spur von Bitterkeit oder Feindseligkeit bei ihm. In jeder Lage konnte Josef zu Gott aufblicken und stärker sein als seine Umstände.

1. Mose 40 berichtet, wie der Oberste Mundschenk und Oberste Bäcker des Pharao zu Josef ins Gefängnis kommen. Er legt ihnen ihre Träume aus und bittet den Mundschenk, sich beim Pharao für ihn zu verwenden. Die Träume erfül-

len sich genau so, wie Josef es gesagt hat, aber der Mundschenk vergißt ihn.

Dann, zwei Jahre danach, hat der Pharao einen Traum, den ihm niemand auslegen kann (1. Mose 41,1-8). Dies ist der Wendepunkt. Der Mundschenk erinnert sich an Josef und erzählt dem König von seinen Traumdeutungskünsten. Der Pharao bestellt Josef zu sich, und Josef kommt, frisch rasiert und in seinen besten Kleidern.

Der Pharao sagt: »Ich habe von dir sagen hören, wenn du einen Traum hörst, so kannst du ihn deuten« (41,15). Josef antwortet: »Das steht nicht bei mir; Gott wird jedoch dem Pharao Gutes verkünden« (41,16).

Und Josef legt dem Pharao seine Träume von den sieben fetten und den sieben mageren Jahren aus. Er beläßt es nicht dabei, dem König einen Einblick in die Zukunft zu geben, sondern schließt gleich einen Rat an, wie er sich am besten auf die mageren Jahre vorbereitet: »Nun sehe der Pharao nach einem verständigen und weisen Mann, den er über Ägyptenland setze« (41,33). In den Jahren der reichen Ernten, so Josef weiter, soll das Land je ein Fünftel der Ernte in den königlichen Getreidespeichern einlagern, als Vorrat für die Hungerjahre.

Der Pharao ist so angetan von Josefs Rat, daß er ihn auf der Stelle zum Obersten Wesir des Landes ernennt und ihm persönlich die Aufsicht über das Einsammeln, Lagern und Austeilen der Getreidereserven überträgt. »Wie könnten wir einen Mann finden, in dem der Geist Gottes ist wie in diesem? Und er sprach zu Josef: Weil dir Gott dies alles kundgetan hat, ist keiner so verständig und weise wie du« (1. Mose 41,38-39).

In einer der dramatischsten Wenden der Geschichte steigt Josef in einem Augenblick vom Kerker zum Palast auf. (Was werden Potifar und seine Frau wohl gedacht haben?)

Wenn das meine Brüder sehen könnten

Über Nacht war alles anders geworden für Josef. Keine Pritsche im Gefängnis mehr; er schlief im Palast. Keine groben Kleider mehr; er trug das beste Leinen und fuhr im Wagen des Königs. Er bekam sogar einen ägyptischen Namen und eine ägyptische Frau (1. Mose 41,45). Josef war ein großer Mann geworden. Wenn ihn nur seine Brüder hätten sehen können!

Die sieben fetten Jahre kamen, genau so, wie er vorhergesagt hatte. Die Kornspeicher flossen über. Aber dann kamen auch die Hungerjahre. Jetzt verkaufte Josef das Korn aus den Speichern an die Ägypter, was den Reichtum des Pharaos noch größer machte. Und bald kamen auch aus den anderen Ländern Menschen, um Korn zu kaufen.

Josef war jetzt 37 Jahre alt. Es war zwanzig Jahre her, daß er die Seinen gesehen hatte, und in all diesen Jahren hatte Gott ihn nicht vergessen. Er hatte auch nicht seine Verheißungen vergessen. Wenn Josef nicht in Ägypten gelandet wäre, wäre es möglicherweise aus gewesen mit Israel. Aber durch Josef ging Gott daran, die ganze Sippe zu bewahren.

Die Hungersnot erreicht auch Kanaan (1. Mose 42,1-2), und Jakob schickt seine Söhne nach Ägypten, um Getreide zu kaufen; nur Benjamin behält er zu Hause. Als die Brüder in Ägypten ankommen, erkennt Josef sie sofort, aber sie erkennen ihn, der ganz wie ein Ägypter aussieht und spricht, nicht.

»Woher kommt ihr?« fragt er sie über einen Dolmetscher.

Sie antworten: »Aus dem Lande Kanaan, um Getreide zu kaufen.«

»Ihr seid Spione!« sagt Josef.

»Nein!« antworten sie. »Wir, deine Knechte, sind zwölf Brüder, *eines* Mannes Söhne ... der jüngste ist noch bei unserm Vater, aber der eine ist nicht mehr vorhanden« (42,13).

Josef erklärt ihnen, daß einer von ihnen als Geisel in Ägypten bleiben muß, während die anderen nach Kanaan zurückkehren, um ihren jüngsten Bruder zu holen.

Die Brüder beginnen miteinander zu tuscheln. Jetzt werden sie für das, was sie Josef angetan haben, bestraft! Sie wissen nicht, daß Josef jedes Wort versteht. Josef muß für ein paar Minuten in ein Nebenzimmer gehen, um seinen Tränen freien Lauf zu lassen.

Die Lage spitzt sich zu

Josef behält Simeon als Geisel da, während die anderen zurück zu Jakob ziehen. Ob Simeon Josef am meisten gehaßt hatte? Falls ja, mußte er jetzt dafür büßen.

Mit vollen Getreidesäcken kehren die Brüder heim – und mit dem Geld, das sie für das Korn bezahlt hatten, dazu. Aber Jakob weigert sich strikt, Benjamin ziehen zu lassen: »Ihr beraubt mich meiner Kinder! Josef ist nicht mehr da, Simeon ist nicht mehr da, Benjamin wollt ihr mir auch wegnehmen; es geht alles über mich« (1. Mose 42,36).

Äußerlich scheint sich alles gegen Jakob verschworen zu haben. Aber in Wirklichkeit ist Gott *für* Jakob am Werk. Jede Situation, jede Wendung in Jakobs Leben muß dem Willen Gottes für ihn und seine Familie dienen. Die Fäden verknüpfen sich zu einem großen Meisterwerk.

Unter dem Druck der andauernden Hungersnot läßt Jakob Benjamin schließlich doch mit den anderen ziehen. Er tut es schweren Herzens, ist Benjamin doch der einzige andere Sohn Rahels. Der Gedanke, womöglich auch ihn zu verlieren, ist Jakob unerträglich. Doch Juda verbürgt sich für Benjamins Sicherheit. »Der allmächtige Gott gebe euch Barmherzigkeit vor dem Manne«, sagt Jakob zum Abschied. »Ich aber muß sein wie einer, der seiner Kinder ganz und gar beraubt ist« (43,14).

Als Josef Benjamin sieht, will ihn die Rührung überwältigen. Wieder muß er in seine Privatgemächer eilen, um zu weinen. Danach stellt er die Brüder ein weiteres Mal auf die Probe und sorgt dafür, daß sein silberner Becher in Benjamins Getreidesack gefunden wird. Es sieht schlimm aus für Benjamin. Da bittet Juda um Gnade, ja er bietet sich Josef als Sklave an, wenn er nur Benjamin ziehen läßt. Er zitiert Jakobs Worte: »Werdet ihr diesen auch von mir nehmen und widerfährt ihm ein Unfall, so werdet ihr meine grauen Haare mit Jammer hinunter zu den Toten bringen« (44,29).

Die Wahrheit kommt heraus

Der Kummer seiner Brüder ist zuviel für Josef. Er bricht vor ihnen in Tränen aus und gibt sich ihnen zu erkennen: »Ich bin Josef. Lebt mein Vater noch?« (45,3).

Die Brüder sind starr vor Schreck. Josef? Der Premierminister Ägyptens, der Großwesir, der Mann, der direkt hinter dem Pharao kommt? *Jetzt rächt er sich und läßt uns alle töten …*

Doch Josef fährt fort: »Tretet doch her zu mir! … Ich bin Josef, euer Bruder, den ihr nach Ägypten verkauft habt. Und nun bekümmert euch nicht und denkt nicht, daß ich darum zürne, daß ihr mich hierher verkauft habt; denn um eures Lebens willen hat mich Gott vor euch hergesandt … daß er euch übriglasse auf Erden und euer Leben erhalte zu einer großen Errettung« (45,4-7).

Er erklärt ihnen, daß die Hungersnot noch weitere fünf Jahre dauern wird. Und dann bittet er sie, nach Hause zu ziehen, um Jakob und die ganze Sippe nach Ägypten zu holen: »Verkündet meinem Vater alle meine Herrlichkeit in Ägypten und alles, was ihr gesehen habt; eilt und kommt herab mit meinem Vater hierher« (45,13). Er gibt ihnen reichlich Proviant für ihre Reise; es ist eine Karawane mit zwanzig Eseln und mit Wagen, die sich auf den Weg macht.

Es muß ein dramatischer Augenblick gewesen sein, als Jakobs Söhne ihm eröffneten, daß sie ihn all die Jahre angelogen hatten über Josefs Schicksal. »Josef lebt noch und ist Herr über ganz Ägyptenland!« sagen sie (45,26).

Jakob kann es zuerst nicht fassen. Doch als sie ihm alles erzählen, begreift er: Ja, Josef lebt. Und das Licht der Hoffnung kommt in seine alten Augen. »Ich will hin und ihn sehen, ehe ich sterbe« (45,28).

Und Israel zieht los, mit Sack und Pack. Siebzig Personen brechen von Beerscheba auf und ziehen nach Ägypten. Die Herzen hämmern vor vorfreudiger Erregung. Es ist ein wahrhaft historischer Augenblick. Diesmal rennt Jakob nicht bei Nacht und Nebel um sein Leben, er fährt standesgemäß in einem Wagen. Sein Sohn ist der Premierminister Ägyptens, und bald wird er den Pharao persönlich sehen. Aber vor allem seinen geliebten Josef, von Angesicht zu Angesicht.

Josef fährt seinem Vater entgegen und fällt ihm um den Hals und weint lange. Der totgeglaubte Sohn lebt, und Jakob sagt: »Ich will nun gerne sterben, nachdem ich dein Angesicht gesehen habe, daß du noch lebst« (46,30).

Was für ein Wiedersehen muß das gewesen sein! Nicht nur für einen Vater und einen Sohn, sondern für die ganze Familie.

Ende gut, alles gut

Gott ist auch heute der Spezialist für Happy-Ends. Er nimmt die Scherben unseres Lebens und fügt sie zu seiner Ehre zusammen.

Josefs Familie ließ sich im Nildelta in Unterägypten nieder, wo sie viele Jahre lang wuchs und gedieh. Gott hatte die Feindschaft der Brüder in Segen verwandelt und Josef zum Herrscher Ägyptens gemacht.

Nach siebzehn Jahren starb Jakob in hohem Alter. Josef ließ seinen Leichnam einbalsamieren und in einer königlichen Prozession nach Kanaan überführen, in das Erbbegräbnis Abrahams und Isaaks. Jakobs Wanderjahre waren vorbei, er kam endlich wieder nach Hause. Und was für eine Heimkehr das war!

Gott ist auch heute der Spezialist für Happy-Ends. Er nimmt die Scherben unseres Lebens und fügt sie zu seiner Ehre zusammen. Erinnern Sie sich an Bob vom Anfang dieses Kapitels? Gott trug ihn durch seine Scheidung und die Trennung von seinen Kindern hindurch. Später konnte er wieder heiraten und ging in den vollzeitlichen Dienst für Gott. Heute ist er einer der führenden amerikanischen Pastoren, die in der Seelsorge an Alleinstehenden tätig sind. Seine Ehe ist ein Muster christlicher Liebe und Hingabe.

Liegt Ihr Leben in Scherben? Gott kann es neu machen und alles zu seiner Ehre wenden. Vertrauen Sie ihm! Er hat schon angefangen.

Kapitel 12

Probleme sind Gelegenheiten

Aus der Perspektive der Pläne Gottes haben wir eigentlich keine Probleme; wir haben Gelegenheiten! Wie wir in diesem Buch gesehen haben, läßt Gott Probleme in unserem Leben zu, damit wir lernen, ihm mehr zu vertrauen. Mit jedem Mal, wo wir Gott neu vertrauen, wachsen wir geistlich ein Stück. Unsere Probleme sind also Gelegenheiten zum geistlichen Wachsen. Römer 8,28 verheißt uns, daß »denen, die Gott lieben, alle Dinge zum Besten dienen, denen, die nach seinem Ratschluß berufen sind«. Geistliche Reife besteht darin, daß wir lernen, jedes Problem unseres Lebens als eine neue Gelegenheit zu betrachten, Gottes gute Pläne für uns in unserem Alltag zu erfahren.

Der Schlüssel zum Umgang mit Problemen ist, sie ganz in Gottes Hand zu legen. Wenn Probleme kommen – und sie werden kommen –, müssen wir lernen, daß das Vertrauen auf Gott nicht unsere »letzte Rettung« ist, sondern unsere erste und einzige.

Ob wir fähig und bereit sind, Gott in jeder Lebenslage zu vertrauen, hängt davon ab, welches Bild wir von seiner Güte und seinen Motiven haben. Jegliches ängstliche Schwanken, jedes Kapitulieren vor den Problemen des Lebens ist im Grunde genommen ein Mißtrauensvotum gegen Gottes Wesen. Wenn Gott wirklich allwissend, allmächtig und liebend ist, müssen wir lernen, ihm und seinem Wort in jedem Problem, das wir haben mögen, ganz zu vertrauen.

Aus Gottes Perspektive haben wir keine Probleme – wir haben Gelegenheiten!

Aus Gottes Perspektive haben wir keine Probleme – wir haben Gelegenheiten! Wenn Sie es lernen, Ihre Probleme als Gelegenheiten zu sehen, haben Sie den ersten echten Schritt dahin getan, Gott zuzutrauen, daß er diese Probleme in die großen *Segnungen* Ihres Lebens verwandeln kann. Wenn Sie glauben, daß Gott Sie erlösen kann, können Sie auch glauben, daß er Ihnen helfen kann. Es ist doch sein Wille, Ihnen »alles« zu schenken (Römer 8,32) und Ihr Leben mit Freude zu füllen (Johannes 15,11).

Wie rauh der Weg unseres Lebens auch wird, Gott ist immer da und streckt uns seine Hand entgegen. Wenn wir es lernen, ihm im Glauben zu vertrauen, werden wir merken, wie das Gehen einfacher wird. Wo wir früher stolperten, machen wir jetzt feste Schritte. Der Prophet Jesaja sagt: »Die auf den HERRN harren, kriegen neue Kraft, daß sie auffahren mit Flügeln wie Adler, daß sie laufen und nicht matt werden, daß sie wandeln und nicht müde werden« (Jesaja 40,31).

Was unsere Probleme auch sind, sie verblassen im Lichte der Ewigkeit. Egal, wie groß unser Versagen ist, Gottes Gnade ist größer. Fassen Sie Mut, nehmen Sie das Leben bei den Hörnern! Laufen Sie nicht vor Ihren Problemen weg, gehen Sie sie an, in dem Wissen, daß Gott Sie durchtragen wird. Je größer das Problem, um so größer wird auch Gottes Gnade sein.

Kein Mensch ist immer obenauf im Leben. Wenn wir gerade oben sind, sollen wir die hochziehen, die unten liegen – damit dann, wenn wir selber unten sind, andere uns hochziehen können. Das ist ja der Sinn der Familie Gottes – daß einer dem anderen dient, so daß allen geholfen wird.

Geben Sie nie auf! Der letzte Berg sieht immer am steilsten aus. Das Leben ist ein Marathonlauf, kein Hundert-Meter-Sprint. Wir können das Rennen nicht in ein paar Sekunden gewinnen, wir müssen weiterlaufen, bis wir am Ziel sind. Teilen Sie Ihre Kräfte ein. Rüsten Sie sich für die Umleitungen und schwierigen Strecken, und wenn sie kommen, dann geben Sie nicht auf; Schwierigkeiten sind da, um überwunden zu werden.

Gott versteht Ihren Kampf. Mit den schwierigen Stellen will er Sie stärken und Ihnen Kraft für den Endspurt geben. Er weiß, wieviel Sie schaffen können, und wird Ihnen nie mehr Lasten auflegen, als er Ihnen Kraft zum Tragen gegeben hat.

Möge Gott Ihnen Gnade für Ihre Reise geben!

Anhang

Einige Lebensprobleme und ihre biblischen Lösungen

Ablehnung

Biblische Definition:
Griech. *atheteo,* als ungeeignet oder unwürdig »beiseite werfen« oder »ablehnen«. Wir können nicht bestimmen, welche Menschen uns annehmen oder ablehnen, aber wir dürfen gewiß sein, daß Gott uns in Jesus Christus liebt und annimmt. Daß wir von Gott Angenommene sind, ist die Grundlage unserer persönlichen Geborgenheit und inneren Stabilität.

Bibelstellen:
»Wirf dein Anliegen auf den HERRN; der wird dich versorgen und wird den Gerechten in Ewigkeit nicht wanken lassen.« (Psalm 55,23)

»Alles, was mir mein Vater gibt, das kommt zu mir; und wer zu mir kommt, den werde ich nicht hinausstoßen.« (Johannes 6,37)

»Der Geist selbst gibt Zeugnis unserm Geist, daß wir Gottes Kinder sind. Sind wir aber Kinder, so sind wir auch Erben, nämlich Gottes Erben und Miterben Christi.« (Römer 8,16-17)

»... denn ich weiß, an wen ich glaube, und bin gewiß, er kann mir bewahren, was mir anvertraut ist, bis an jenen Tag.« (2. Timotheus 1,12)

»Gelobt sei Gott, der Vater unseres Herrn Jesus Christus, der uns nach seiner großen Barmherzigkeit wiedergeboren hat zu einer lebendigen Hoffnung ..., zu einem unvergänglichen und unbefleckten und unverwelklichen Erbe, das aufbewahrt wird im Himmel für euch.« (1. Petrus 1,3-4)

»Seht, welch eine Liebe hat uns der Vater erwiesen, daß wir Gottes Kinder heißen sollen – und wir sind es auch!« (1. Johannes 3,1)

Bitterkeit

Biblische Definition:

Griech. *pikria,* »scharf«, »durchdringende Verletzung« oder »Bitterkeit«. Bitterkeit ist eine Eiterwunde, die die Seele vergiftet. Sie ist wie eine Krebsgeschwulst an unserem geistlichen Leben. Sie ist das Gegenteil von Vergebung.

Bibelstellen:

»Das Herz kennt seinen eigenen Kummer, und auch in seine Freude kann sich kein Fremder mischen.« (Sprüche 14,10 Menge)

»Wenn dein Bruder sündigt, so weise ihn zurecht; und wenn er es bereut, vergib ihm.« (Lukas 17,3)

»Freuet euch in dem Herrn allewege ... Eure Güte laßt kundsein allen Menschen!« (Philipper 4,4-5)

»Seht darauf, daß nicht jemand Gottes Gnade versäume; daß nicht etwa eine bittere Wurzel aufwachse und Unfrieden anrichte und viele durch sie unrein werden.« (Hebräer 12,15)

»Aus *einem* Munde kommt Loben und Fluchen. Das soll nicht so sein, liebe Brüder.« (Jakobus 3,10)

Depression

Biblische Definition:

Griech. *exaporeomai,* »keinen Weg hindurch finden«, in einer totalen »Sackgasse« sein. Der biblische Ausdruck für »Depression« konzentriert sich auf die geistige Frustration des Deprimierten. Biblisch gesehen, kommt es dann zur Depression, wenn jemand alle Hoffnung erschöpft hat und in die geistliche Isolation gefallen ist.

Bibelstellen:

»Darum spreche ich mich schuldig und tue Buße in Staub und Asche.« (Hiob 42,6)

»Denn als ich es wollte verschweigen, verschmachteten meine Gebeine durch mein tägliches Klagen. Denn deine Hand lag Tag und Nacht schwer auf mir, daß mein Saft vertrocknete, wie es im Sommer dürre wird.« (Psalm 32, 3-4)

»Was betrübst du dich, meine Seele, und bist so unruhig in mir? Harre auf Gott; denn ich werde ihm noch danken, daß er meines Angesichts Hilfe und mein Gott ist.« (Psalm 42,12)

»Die Schmach bricht mir mein Herz und macht mich krank. Ich warte, ob jemand Mitleid habe, aber da ist niemand, und auf Tröster, aber ich finde keine.« (Psalm 69,21)

»Wir sind von allen Seiten bedrängt, aber wir ängstigen uns nicht. Uns ist bange, aber wir verzagen nicht. Wir leiden Verfolgung, aber wir werden nicht verlassen. Wir werden unterdrückt, aber wir kommen nicht um.« (2. Korinther 4,8-9)

»Denn ich habe gelernt, mich in jeder Lage zurechtzufinden ... Alles vermag ich durch den, der mir Kraft gibt.« (Philipper 4,11-13 Einheitsübers.)

»Denn Gott hat uns nicht gegeben den Geist der Furcht, sondern der Kraft und der Liebe und der Besonnenheit.« (2. Timotheus 1,7)

Ehescheidung

Biblische Definition:
Griech. *apoluo,* »lösen« oder »fortschicken«. Ähnlich zu *aphienai,* »freilassen« oder »trennen«. Der biblische Ausdruck bezieht sich auf die juristische Auflösung einer Ehe. Die Scheidung ist ein Rechtsakt, der den Ehevertrag aufhebt. In der Bibel wird sie nicht befürwortet, jedoch unter bestimmten Umständen, wie Ehebruch, geduldet.

Bibelstellen:

»Wenn jemand eine Frau zur Ehe nimmt und sie nicht Gnade findet vor seinen Augen, weil er etwas Schändliches an ihr gefunden hat, und er einen Scheidebrief schreibt und ihr in die Hand gibt und sie aus seinem Haus entläßt und wenn sie dann aus seinem Hause gegangen ist und hingeht und wird eines andern Frau und dieser andere Mann ihrer auch überdrüssig wird und einen Scheidebrief schreibt ... oder wenn dieser andere Mann stirbt, ... so kann sie ihr erster Mann, der sie entließ, nicht wieder zur Frau nehmen ...« (5. Mose 21,1-4)

»Es ist auch gesagt: ›Wer sich von seiner Frau scheidet, der soll ihr einen Scheidebrief geben.‹ Ich aber sage euch: Wer sich von seiner Frau scheidet, es sei denn wegen Ehebruchs, der macht, daß sie die Ehe bricht; und wer eine Geschiedene heiratet, der bricht die Ehe.« (Matthäus 5, 31-32)

»Habt ihr nicht gelesen: Der im Anfang den Menschen geschaffen hat, schuf sie als Mann und Frau und sprach: ›Darum wird ein Mann Vater und Mutter verlassen und an seiner Frau hängen, und die zwei werden *ein* Fleisch sein‹? So sind sie nun nicht mehr zwei, sondern *ein* Fleisch. Was nun Gott zusammengefügt hat, das soll der Mensch nicht scheiden!« (Matthäus 19,4-6)

»Den Verheirateten aber gebiete nicht ich, sondern der Herr, daß die Frau sich nicht von ihrem Manne scheiden soll – hat sie sich aber geschieden, soll sie ohne Ehe bleiben oder sich mit ihrem Mann versöhnen – und daß der Mann seine Frau nicht verstoßen soll. Den andern aber sage ich, nicht der Herr: ... Und wenn eine Frau einen ungläubigen Mann hat und es gefällt ihm, bei ihr zu wohnen, so soll sie sich nicht von ihm scheiden ... Wenn aber der Ungläubige sich scheiden will, so laß ihn sich scheiden. Der Bruder oder die Schwester ist nicht gebunden in solchen Fällen.« (1. Korinther 7,10-15)

»Bist du an eine Frau gebunden, so suche nicht, von ihr loszukommen; bist du nicht gebunden, so suche keine Frau. Wenn du aber doch heiratest, sündigst du nicht; und wenn eine Jungfrau heiratet, sündigt sie nicht ...« (1. Korinther 7,27-28)

Einsamkeit

Biblische Definition:
Griech. *monos*, »einzeln« oder »allein«. In extremer Form führt dies zu dem Gefühl, von den anderen getrennt oder entfremdet zu sein, bis hin zu dem Gefühl, daß niemand uns mag. Ohne einen lieben Freund, der unsere Lasten mitträgt, kann das Leben sehr schwer und scheinbar sinnlos werden.

Bibelstellen:
»Und Gott der HERR sprach: Es ist nicht gut, daß der Mensch allein sei; ich will ihm eine Gehilfin machen, die um ihn sei.« (1. Mose 2,18)

»So ist's ja besser zu zweien als allein; denn sie haben guten Lohn für ihre Mühe. Fällt einer von ihnen, so hilft ihm sein Gesell auf.« (Prediger 4,9-10)

»Und siehe, ich bin bei euch alle Tage bis an der Welt Ende.« (Matthäus 28,20)

»Euer Herz erschrecke nicht! Glaubt an Gott und glaubt an mich! ... Und wenn ich hingehe, euch die Stätte zu bereiten, will ich wieder kommen und euch zu mir nehmen, damit ihr seid, wo ich bin.« (Johannes 14,1-3)

»Denn ich bin gewiß, daß weder Tod noch Leben, weder Engel noch Mächte noch Gewalten, weder Gegenwärtiges noch Zukünftiges, weder Hohes noch Tiefes noch eine andere Kreatur uns scheiden kann von der Liebe Gottes, die in Christus Jesus ist, unserm Herrn.« (Römer 8,38-39)

»Seid nicht geldgierig, und laßt euch genügen an dem, was da ist. Denn der Herr hat gesagt: ›Ich will dich nicht verlassen und nicht von dir weichen.‹ So können auch wir getrost sagen: ›Der Herr ist mein Helfer, ich will mich nicht fürchten; was kann mir ein Mensch tun?‹« (Hebräer 13,5-6)

Finanzen

Biblische Definition:
Griech. *mammonas*, »Reichtum« oder »materieller Besitz«, nach dem Namen des griechischen Gottes des Besitzes. Im Neuen Testament wird der Ausdruck positiv wie negativ in bezug auf unsere Einstellung zu Geld, Reichtum und Wohlstand benutzt.

Bibelstellen:

»Der Segen des HERRN allein macht reich, und nichts tut eigene Mühe hinzu.« (Sprüche 10,22)

»Niemand kann zwei Herren dienen: entweder er wird den einen hassen und den andern lieben, oder er wird an dem einen hängen und den andern verachten. Ihr könnt nicht Gott dienen und dem Mammon.« (Matthäus 6,24)

»Gebt, so wird euch gegeben. Ein volles, gedrücktes, gerütteltes und überfließendes Maß wird man in euren Schoß geben; denn eben mit dem Maß, mit dem ihr meßt, wird man euch wieder messen.« (Lukas 6,38)

»Macht euch Freunde mit Hilfe des ungerechten Mammons, damit ihr in die ewigen Wohnungen aufgenommen werdet, wenn es (mit euch) zu Ende geht ... Wenn ihr im Umgang mit dem ungerechten Reichtum nicht zuverlässig gewesen seid, wer wird euch dann das wahre Gut anvertrauen?« (Lukas 16,9-11 Einheitsübers.)

»Denn ihr kennt die Gnade unseres Herrn Jesus Christus: obwohl er reich ist, wurde er doch arm um euretwillen, damit ihr durch seine Armut reich würdet.« (2. Korinther 8,9)

»Wer da kärglich sät, der wird auch kärglich ernten; und wer da sät im Segen, der wird auch ernten im Segen ... denn einen fröhlichen Geber hat Gott lieb.« (2. Korinther 9,6-7)

»Mein Gott aber wird all eurem Mangel abhelfen nach seinem Reichtum in Herrlichkeit in Christus Jesus.« (Philipper 4,19)

»Denn Geldgier ist eine Wurzel allen Übels; danach hat einige gelüstet, und sie sind vom Glauben abgeirrt und machen sich selbst viel Schmerzen.« (1. Timotheus 6,10)

Konflikte

Biblische Definition:

Griech. *eris*, »Unfriede« oder »Streit«. Konflikt führt zu Zertrennung, Instabilität und Verwirrung. Wenn wir negativ auf Konflikte reagieren, verfehlen wir ihren Sinn, und das Problem wiederholt sich.

Bibelstellen:

»Selig sind, die Frieden stiften; denn sie werden Gottes Kinder heißen.« (Matthäus 5,9)

»Ihr habt gehört, daß gesagt ist: ›Auge um Auge, Zahn um Zahn.‹ Ich aber sage euch, daß ihr nicht widerstreben sollt dem Übel ... Liebt eure Feinde und bittet für die, die euch verfolgen.« (Matthäus 5,38-39.44)

»Was siehst du aber den Splitter in deines Bruders Auge und nimmst nicht wahr den Balken in deinem Auge?« (Matthäus 7,3)

»Ich ermahne euch aber ... laßt keine Spaltungen unter euch sein, sondern haltet aneinander fest in **einem** Sinn und in **einer** Meinung.« (1. Korinther 1,10)

Leiden

Biblische Definition:
Griech. *pascho*, »leiden« (körperlich oder innerlich). Oft in Kombination mit Wörtern wie *lange, Verlust, brauchen, Schande ... Verfolgung* gebraucht. Das griech. *pascho* ist die Wurzel unseres Wortes *Passion*.

Bibelstellen:
»Denn ich bin überzeugt, daß dieser Zeit Leiden nicht ins Gewicht fallen gegenüber der Herrlichkeit, die an uns offenbart werden soll.« (Römer 8,18)

»Gelobt sei Gott, der ... Gott allen Trostes, der uns tröstet in aller unserer Trübsal, damit wir auch trösten können, die in allerlei Trübsal sind, mit dem Trost, mit dem wir selber getröstet werden von Gott.« (2. Korinther 1,3-4)

»... ist mir gegeben ein Pfahl ins Fleisch, ... damit ich mich nicht überhebe. Seinetwegen habe ich dreimal zum Herrn gefleht, daß er von mir weiche. Und er hat zu mir gesagt: Laß dir an meiner Gnade genügen; denn meine Kraft ist in den Schwachen mächtig.« (2. Korinther 12,7-9)

»Aber wenn ihr um guter Taten willen leidet und es ertragt, das ist Gnade bei Gott. Denn dazu seid ihr berufen, da auch Christus gelitten hat für euch und euch ein Vorbild hinterlassen, daß ihr sollt nachfolgen seinen Fußtapfen.« (1. Petrus 2,20-21)

»Geliebte, laßt euch die Feuerglut der Leiden, die zur Prüfung über euch ergeht, nicht befremden ... sondern freuet euch in dem Maße, wie ihr an den Leiden Christi teilnehmt, damit ihr auch bei der Offenbarung seiner Herrlichkeit euch freuen und jubeln könnt.« (1. Petrus 4,12-13 Menge)

Schuld

Biblische Definition:
Griech. *hupodikos*, »haftbar«, vor Gericht für etwas verantwortlich, was man getan hat. Juristische Schuld ist das Er-

gebnis eines richterlichen Schuldspruches, persönliche Schuld ist das Gefühl der Verurteilung im eigenen Gewissen. Schuld kann zu Reue und Buße führen oder zu Verdrängung und Verhärtung des Herzens gegen Gott.

Bibelstellen:

»Wohl dem, dem die Übertretungen vergeben sind, dem die Sünde bedeckt ist! Wohl dem Menschen, dem der HERR die Schuld nicht zurechnet, in dessen Geist kein Trug ist! Denn als ich es wollte verschweigen, verschmachteten meine Gebeine durch mein tägliches Klagen. Denn deine Hand lag Tag und Nacht schwer auf mir, daß mein Saft vertrocknete, wie es im Sommer dürre wird. Darum bekannte ich dir meine Sünde ... Ich sprach: Ich will dem HERRN meine Übertretungen bekennen. Da vergabst du mir die Schuld meiner Sünde.« (Psalm 32,1-5)

»Denn Gottes Zorn wird vom Himmel her offenbart über alles gottlose Wesen und alle Ungerechtigkeit der Menschen, die die Wahrheit durch Ungerechtigkeit niederhalten. ... so daß sie keine Entschuldigung haben.« (Römer 1,18-20)

»Darum, o Mensch, kannst du dich nicht entschuldigen, wer du auch bist, der du richtest. Denn worin du den andern richtest, verdammst du dich selbst, weil du ebendasselbe tust, was du richtest.« (Römer 2,1)

»So gibt es nun keine Verdammnis für die, die in Christus Jesus sind. Denn das Gesetz des Geistes, der lebendig macht in Christus Jesus, hat dich frei gemacht von dem Gesetz der Sünde und des Todes.« (Römer 8,1-2)

»Wenn wir aber unsre Sünden bekennen, so ist er treu und gerecht, daß er uns die Sünden vergibt und reinigt uns von aller Ungerechtigkeit.« (1. Johannes 1,9)

Sorgen

Biblische Definition:

Griech. *merimna,* »Sorge«, »ängstliche« Gedanken. Wer sich sorgt, ängstigt sich über Umstände, die sich seiner Kontrolle entziehen. Sichsorgen basiert auf der Angst, daß Gott unser Leben nicht im Griff hat. Es ist eine selbstauferlegte Panik, die das Gegenteil von Gottvertrauen ist.

Bibelstellen:

»Sorgt nicht um euer Leben, was ihr essen und trinken werdet; auch nicht um euren Leib, was ihr anziehen werdet. Ist nicht das Leben mehr als die Nahrung und der Leib mehr als die Kleidung? Seht die Vögel unter dem Himmel an ... und euer himmlischer Vater ernährt sie doch. Seid ihr denn nicht viel mehr als sie?« (Matthäus 6,25-26)

»Wer ist unter euch, der seines Lebens Länge eine Spanne zusetzen könnte, wie sehr er sich auch darum sorgt? ... Darum sollt ihr nicht sorgen ... Trachtet zuerst nach dem Reich Gottes und nach seiner Gerechtigkeit, so wird euch das alles zufallen.« (Matthäus 6,27.31.33)

»Freuet euch in dem Herrn allewege ... Sorgt um nichts, sondern in allen Dingen laßt eure Bitten in Gebet ... vor Gott kundwerden! Und der Friede Gottes, der höher ist als alle Vernunft, bewahre eure Herzen und Sinne in Christus Jesus.« (Philipper 4,4-7)

»Alle eure Sorge werft auf ihn; denn er sorgt für euch ... Der Gott aller Gnade aber ... wird euch ... aufrichten, stärken, kräftigen, gründen. Ihm sei die Macht von Ewigkeit zu Ewigkeit!« (1. Petrus 5,7.10-11)

Streß

Biblische Definition:

Griech. *biazomai,* »niedergedrückt« oder »beengt« werden. In seinen extremsten Formen kann Streß oder Druck uns geistig, emotional, ja sogar geistlich zerbrechen. Unter dem Druck der Vernehmung Jesu im Haus des Hohenpriesters brach Petrus innerlich zusammen und verleugnete seinen Herrn dreimal (Lukas 22,54-62). Unter dem Streß der ersten Missionsreise kehrte Johannes Markus um (Apostelgeschichte 15,37-38). Das Gegenmittel gegen

Druck und Streß ist Geduld und Standhaftigkeit (griech. *hupomenè*, »unter Druck standhalten«).

Bibelstellen:

»Verlaß dich auf den HERRN von ganzem Herzen, und verlaß dich nicht auf deinen Verstand, sondern gedenke an ihn in allen deinen Wegen, so wird er dich recht führen.« (Sprüche 3,5-6)

»Kommt her zu mir, alle, die ihr mühselig und beladen seid; ich will euch erquicken. Nehmt auf euch mein Joch und lernt von mir ... so werdet ihr Ruhe finden für eure Seelen. Denn mein Joch ist sanft, und meine Last ist leicht.« (Matthäus 11,28-30)

»Den Frieden lasse ich euch, meinen Frieden gebe ich euch ... Euer Herz erschrecke nicht und fürchte sich nicht.« (Johannes 14,27)

»Die Frucht des Geistes aber ist Liebe, Freude, Friede, Langmut, Freundlichkeit, Güte, Treue, Sanftmut und Selbstbeherrschung.« (Galater 5,22-23 Einheitsübers.)

»Darum laßt uns hinzutreten mit Zuversicht zu dem Thron der Gnade, damit wir Barmherzigkeit empfangen und Gnade finden zu der Zeit, wenn wir Hilfe nötig haben.« (Hebräer 4,16)

Tod

Biblische Definition:

Griech. *thanatophobia*, »Angst vor dem Tod«. Die menschliche Angst vor dem Sterben ist das Gegenteil des Vertrauens, das sein zeitliches Leben und ewiges Schicksal in Gottes Hände legt. Der Tod ist der große »Gleichmacher«, der Arm wie Reich trifft.

Bibelstellen:

»Auch wenn ich wandere im Tal des Todesschattens, fürchte ich kein Unheil.« (Psalm 23,4 Elbf.)

»Jesus spricht zu ihr: Ich bin die Auferstehung und das Leben. Wer an mich glaubt, der wird leben, auch wenn er stirbt.« (Johannes 11,25)

»Denn der Sünde Sold ist der Tod; die Gabe Gottes aber ist das ewige Leben in Christus Jesus, unserm Herrn.« (Römer 6,23)

»Denn es wird die Posaune erschallen, und die Toten werden auferstehen unverweslich, und wir werden verwandelt werden ... dann wird erfüllt werden das Wort, das geschrieben steht: ›Der Tod ist verschlungen vom Sieg.‹« (1. Korinther 15,52-54)

»Und wie den Menschen bestimmt ist, *einmal* zu sterben, danach aber das Gericht ...« (Hebräer 9,27)

Unsicherheit

Biblische Definition:
Griech. *hettaomai,* »weniger« oder »minderwertig« sein. Das Gegenteil von Zuversicht und Genügen. Gefühle der Unsicherheit und Minderwertigkeit sind das Ergebnis einer Selbstsicht, mit der man sich das Prädikat »mangelhaft« verleiht. Sie sind ähnlich und oft miteinander verwoben: Minderwertigkeitsgefühle machen unsicher, und Unsicherheit führt zu Minderwertigkeitsgefühlen.

Bibelstellen:

»Denn du hast meine Nieren bereitet und hast mich gebildet im Mutterleibe. Ich danke dir dafür, daß ich wunderbar gemacht bin; wunderbar sind deine Werke; das erkennt meine Seele.« (Psalm 139,13-14)

»Denn ich weiß wohl, was ich für Gedanken über euch habe, spricht der HERR: Gedanken des Friedens und nicht des Leides, daß ich euch gebe Zukunft und Hoffnung.« (Jeremia 29,11)

»Denn wir wagen nicht, uns unter die zu rechnen oder mit denen zu vergleichen, die sich selbst empfehlen; aber weil sie sich nur an sich selbst messen und mit sich selbst vergleichen, verstehen sie nichts.« (2. Korinther 10,12)

»Wer sich einbildet, etwas zu sein, obwohl er nichts ist, der betrügt sich. Jeder prüfe sein eigenes Tun. Dann wird er sich nur im Blick auf sich selbst rühmen können, nicht aber im Vergleich mit anderen. Denn jeder wird seine eigene Bürde zu tragen haben.« (Galater 6,3-5 Einheitsübers.)

»Ich bin darin guter Zuversicht, daß der in euch angefangen hat das gute Werk, der wird's auch vollenden bis an den Tag Christi Jesu.« (Philipper 1,6)

»Niemand verachte dich wegen deiner Jugend; du aber sei den Gläubigen ein Vorbild im Wort, im Wandel, in der Liebe, im Glauben, in der Reinheit.« (1. Timotheus 4,12)

Versagen

Biblische Definition:
Griech. *ekleipo*, »versagen«, »aufgeben« oder »nicht erreichen«. Das Gegenteil von Erfolg. In der Sicht der Bibel ist Versagen erst dann endgültig, wenn man aufhört, immer wieder neu anzufangen. Gott bietet uns genügend Gnade und Kraft an, um unser Versagen zu überwinden und unsere Schwächen zu Stärken zu machen.

Bibelstellen:

»Und laß das Buch dieses Gesetzes nicht von deinem Munde kommen, sondern betrachte es Tag und Nacht ... Dann wird es dir auf deinen Wegen gelingen, und du wirst es recht ausrichten.« (Josua 1,8)

»Ein Mensch hatte zwei Söhne. Und der jüngere ... zog in ein fernes Land; und dort brachte er sein Erbteil durch mit Prassen ... Da ging er in sich und sprach: ›... Ich will mich aufmachen und zu meinem Vater gehen ...‹ Und er machte sich auf und kam zu seinem Vater. Als er aber noch weit entfernt war, sah ihn sein Vater, und es jammerte ihn; er lief und fiel ihm um den Hals und küßte ihn.« (Lukas 15,11.13.17-20)

»Alle haben gesündigt und die Herrlichkeit Gottes verloren.« (Römer 3,23 Einheitsübers.)

»Ist Gott für uns, wer kann wider uns sein? . . . Wer will uns scheiden von der Liebe Christi? . . . Aber in dem allen überwinden wir weit durch den, der uns geliebt hat.« (Römer 8,31.35.37)

»Alles vermag ich durch ihn, der mir Kraft gibt.« (Philipper 4,13 Einheitsübers.)

Versuchung

Biblische Definition:
Griech. *peirasmos*, »Prüfung« oder »Versuchung«. Der biblische Ausdruck bezeichnet sowohl die Prüfung, die wir durchmachen und die uns anfällig für die Versuchung macht, als auch die Versuchung selber. Vesuchung ist wie ein Angelhaken, der uns zur Sünde hinzieht.

Bibelstellen:

»Zieht an den Herrn Jesus Christus und sorgt für den Leib nicht so, daß ihr den Begierden verfallt.« (Römer 13,14)

»Bisher hat euch nur menschliche Versuchung getroffen. Aber Gott ist treu, der euch nicht versuchen läßt über eure Kraft, sondern macht, daß die Versuchung so ein Ende nimmt, daß ihr's ertragen könnt.« (1. Korinther 10,13)

»Liebe Brüder, wenn ein Mensch etwa von einer Verfehlung ereilt wird, so helft ihm wider zurecht mit sanftmütigem Geist . . . und sieh auf dich selbst, daß du nicht auch versucht werdest.« (Galater 6,1)

»Kinder, ihr seid von Gott und habt jene überwunden; denn der in euch ist, ist größer als der, der in der Welt ist.« (1. Johannes 4,4)

»Niemand sage, wenn er versucht wird, daß er von Gott versucht werde. Denn Gott kann nicht versucht werden zum Bösen, und er selbst versucht niemand. Sondern ein jeder, der versucht wird, wird von seinen eigenen Begierden gereizt und gelockt.« (Jakobus 1,13-14)

»So seid nun Gott untertan. Widersteht dem Teufel, so flieht er von euch.« (Jakobus 4,7)

Zorn

Biblische Definition:
Griech. *orge,* ein natürlicher »Impuls« oder feindseliger Affekt. Ähnlich dem »Haß« (griech. *ectra*). Zorn ist die destruktivste aller Emotionen, weil er zu Haß, Rache, ja Mord führen kann. Zorn kocht in unserer Seele hoch und läßt uns auf unsere Mitmenschen losgehen. Er ist das Gegenteil von Liebe.

Bibelstellen:
»Haß erregt Hader; aber Liebe deckt alle Übertretungen zu.« (Sprüche 10,12)

»Eine linde Antwort stillt den Zorn; aber ein hartes Wort erregt Grimm.« (Sprüche 15,1)

»Ich aber sage euch: Wer mit seinem Bruder zürnt, der ist des Gerichts schuldig.« (Matthäus 5,22)

»Ich aber sage euch: Liebet eure Feinde und bittet für die, die euch verfolgen, damit ihr Kinder seid eures Vaters im Himmel.« (Matthäus 5,44-45)

»Alle Bitterkeit und Grimm und Zorn und Geschrei und Lästerung seien ferne von euch samt aller Bosheit.« (Epheser 4,31)

Anmerkungen

Kapitel 1: Hab ich Probleme!

1 Jay Adams, *Coping with Counseling Crises* (Grand Rapids: Baker Book House, 1976), S. 21.

2 Ebd., S. 21-22.

3 Ebd., S. 23.

4 Gary Collins, *How to Be a People Helper* (Santa Ana, CA: Vision House, 1976), S. 25.

Kapitel 2: Zuversicht in der Krise

1 Jayne Crisp, »Crisis Intervention«, in: Lisa Barnes Lampman, *Helping a Neighbour in Crisis* (Wheaton, IL: Tyndale House, 1997), S. 9-16.

2 Ebd., S. 10.

3 Ebd., S. 12.

4 Donna C. Aguilera, Janice M. Messick, *Grundlagen der Krisenintervention. Einführung und Anleitung für helfende Berufe* (Freiburg: Lambertus, 1977), S. 94-109.